vor 1.810 Jahren
Die Einwohner von Karthago und Ephesos werden römisch.

vor 1.650 Jahren
Das Römische Reich wird christlich.

vor 1.630 Jahren
In Karthago entscheiden Christen darüber, welche Jesus-Geschichten in die Bibel aufgenommen werden sollen. In Ephesos zerstören Christen den Artemis-Tempel.

vor 1.570 Jahren
Die Vandalen wüten in Rom.

vor 1.325 Jahren
Die Muslime zerstören Karthago.

vor 770 Jahren
Der mongolische Khan möchte herausfinden, an welche Geschichte die Menschen glauben sollen.

Yuval Noah Harari

Wie aus Feinden Freunde werden

Band 3 der Reihe Unstoppable Us

© Sapienship

Yuval Noah Harari, 1976 in Haifa, Israel, geboren, ist der wohl einflussreichste Sachbuchautor der Welt und einer der wichtigsten Vordenker unserer Zeit. Er promovierte 2002 im Fach Geschichte an der Oxford University und lehrt an der Universität in Jerusalem. Seine Bücher »Eine kurze Geschichte der Menschheit«, »Homo Deus« und »21 Lektionen fürs 21. Jahrhundert« wurden zu Weltbestsellern. Nun widmet er sich erstmals einer jungen Zielgruppe.

© Anna Garcia

Ricard Zaplana Ruiz ist ein in Barcelona geborener Illustrator und Designer. Er hat zahlreiche Bücher und Zeitschriften für Kinder und Jugendliche illustriert, darunter die Comicserien »Lego Star-Wars« und »Tigger« (Disney). Außerdem arbeitet er als Trickfilmzeichner und Storyboarder für Film und Fernsehen.

YUVAL NOAH
HARARI

WIE AUS FEINDEN FREUNDE WERDEN

übersetzt von
Birgit Niehaus

illustriert von
Ricard Zaplana Ruiz

C.H.BECK dtv SAPIENSHIP STORYTELLING

MIX
Papier | Fördert gute Waldnutzung
FSC® C004592

Deutsche Erstausgabe

Illustrationen: Ricard Zaplana Ruiz
Lektorat: Susanne Stark (dtv), Sebastian Ullrich (C.H.Beck)

Sapienship Storytelling:
Management: Itzik Yahav
Management und Lektorat: Naama Avital
Marketing und PR: Naama Wartenburg
Lektorat und Projektmanagement: Ariel Retik
Forschungsassistenz: Jason Parry, Jim Clarke, Ray Brandon, Dor Shilton
Korrektur: Adriana Hunter
Design: Hanna Shapiro
Diversity Consulting: Adi Moreno
www.sapienship.co

Übersetzung: Birgit Niehaus
Umschlagdesign: Hanna Shapiro
Umschlaggestaltung: buxdesign | Ruth Botzenhardt
nach einem Entwurf von erste liga büro für gestaltung
Umschlagillustration: Ricard Zaplana Ruiz
Gesetzt aus der Reserve und Verveine
Satz und Repro: Fotosatz Amann, Memmingen
Druck und Bindung: Appl Druck GmbH, Wemding
Printed in Germany · ISBN 978-3-423-76545-9

Für alle Lebewesen –
die von gestern, von heute
und von morgen.
Unsere Vorfahren haben die Welt
zu der gemacht, die sie ist.
Aber wir sind es,
die über ihre Zukunft
entscheiden.

Inhaltsverzeichnis

Kapitel 3: Die Nachfahren der Feinde

Kapitel 4: Der Sinn des Lebens

Bist du wie alle anderen?

Hast du manchmal das Gefühl, anders zu sein als die Leute um dich herum?

Würdest du dich manchmal gern anders verhalten und denkst du manchmal andere Dinge als die Leute in deiner Umgebung? Möchtest du andere Kleidung tragen, andere Musik hören und findest du vielleicht Dinge gut, die andere nicht mögen? Und hast du manchmal den Eindruck, dass man dich in eine Schublade steckt? Dass du jemand sein sollst, der du gar nicht sein willst?

Manche Leute sagen, Anderssein ist schlecht. Wenn du anders denkst oder dich anders verhältst, glauben sie, dass sie nicht mit dir befreundet oder zusammen sein können. Sie befürchten, dass es dann Streit und Ärger gibt. Menschen, die etwas gegen das Anderssein haben, sortieren die Welt gerne in ordentliche Schubladen. Und in jede Schublade stecken sie nur Leute, die ähnlich denken und sich ähnlich verhalten. Ihre wichtigsten Schubladen sind die Länderschubladen. Auf den Schubladenschildern stehen Namen wie »Griechenland« oder »Kanada«, »Nigeria«, »Indien«, »Deutschland« oder »Frankreich«. Menschen, die nicht in derselben Länderschublade stecken wie sie selbst, **bekommen das Etikett »Ausländer« verpasst.**

Die Leute, die andere gern in Schubladen stecken, behaupten, dass du nur zu *einem* Land gehören kannst und dass du dich auf keinen Fall von den anderen Menschen dieses Landes unterscheiden darfst. Du musst dieselbe Sprache sprechen wie sie, die gleiche Kleidung tragen, die gleiche Musik hören, das gleiche Essen mögen, die gleichen Spiele spielen und an die gleichen Götter glauben. Falls du dich von deinen Landsleuten unterscheidest, wirst du dich leider nicht mit ihnen vertragen, warnen die Schubladenfans. Aber einfach in ein anderes Land gehen, das funktioniert auch nicht: Denn dort bist du fremd und die Menschen in dem fremden Land werden dich nicht mögen, weil du nicht dazugehörst.

So ist die Welt nun mal, behaupten die Schubladenfans. Sie sagen, dass in Griechenland schon immer Griechinnen und Griechen lebten, die griechisch sprachen, griechische Gerichte aßen, griechische Spiele spielten und an griechische Götter glaubten. Während man in Kanada schon immer kanadisch sprach, kanadische Gerichte aß, kanadische Spiele spielte und an kanadische Götter glaubte.

Doch nichts davon ist wahr. In Kanada spricht man gar kein Kanadisch – die Sprache existiert überhaupt nicht. Die meisten Kanadierinnen und Kanadier sprechen englisch oder französisch, genau wie Engländerinnen oder Franzosen. Und einige sprechen Inuktitut oder Ojibwe – oder griechisch, falls ihre Eltern oder sie selbst irgendwann mal aus Griechenland nach Kanada gekommen sind. Umgekehrt können viele Menschen in Griechenland englisch und französisch sprechen, genau wie die Menschen in England, Frankreich und Kanada.

Mit den Göttern ist es genauso kompliziert wie mit den Sprachen. Nimm dir zum Beispiel die antike griechische Götterwelt. Vor langer Zeit gab es eine ganze Schar griechischer Göttinnen und Götter. Vielleicht kennst du ein paar von ihnen? Zeus, Artemis oder Athene? Doch im heutigen Griechenland glaubt kaum noch jemand an sie. Die meisten Leute dort glauben an Jesus, einige an Allah, ein paar an Shiva und viele an gar keinen Gott. Und genauso ist es in anderen Ländern, in Kanada, Nigeria und Indien zum Beispiel. Es stimmt also nicht, dass die Welt in übersichtliche Schubladen eingeteilt ist. Menschen in ein und demselben Land sprechen verschiedene Sprachen und glauben an verschiedene Götter. Und Menschen in verschiedenen Ländern sprechen manchmal dieselbe Sprache und glauben an dieselben Götter.

Die Schubladenfans können ziemlich sauer werden, wenn du ihnen das sagst. Ihrer Meinung nach sollte die Welt nicht so ungeordnet und unübersichtlich sein. Sie empfinden es als Schande, dass in Griechenland italienisch gegessen, englisch gesprochen und an asiatische Gottheiten geglaubt wird. Sie würden das Rad der Geschichte am liebsten zurückdrehen – bis zu der Zeit, wo sich Griechinnen und Griechen noch richtig schön griechisch verhalten haben.

Aber das funktioniert natürlich nicht. Denn sobald man in der Zeit zurückgeht, stellt man fest, dass schon immer alles im Wandel war. Keines unserer heutigen Länder und keine heutige Sprache und Religion gab es schon vor 5.000 Jahren. Damals existierten weder Griechenland noch Kanada, Nigeria oder Indien. Niemand sprach englisch, französisch oder griechisch. Und niemand glaubte an Jesus, Zeus oder Shiva. Natürlich gab es auch schon vor 5.000 Jahren Länder, Sprachen und Religionen. Aber sie unterschieden sich sehr von dem, was wir kennen. Unsere heutigen Länder, Sprachen und Religionen sind nur deshalb entstanden, weil Menschen in der Vergangenheit immer wieder umgezogen sind. Diese Ortswechsel haben sie nämlich auf neue Gedanken gebracht und dazu geführt, dass sie ihr Verhalten immer wieder verändert haben.

Die ersten Griechinnen und Griechen, die an Jesus glaubten, unterschieden sich zum Beispiel sehr von ihren Mitmenschen, denn sie glaubten an eine völlig neue Religion. Eine Religion, die aus einem anderen Land kam. Ihre Eltern und Großeltern hatten noch nie von dieser Religion gehört.

Du siehst: Damit sich Dinge ändern, braucht es Menschen, die aufgeschlossen sind und Neues ausprobieren – als Erste. Es braucht Menschen, die anders sind.

Wenn du also manchmal das Gefühl hast, anders zu sein als die Leute um dich herum, dann ist das völlig in Ordnung. Die meisten Menschen, die früher in deinem Land gelebt haben, unterschieden sich stark von den heutigen Bewohnerinnen und Bewohnern. Denn egal wie sehr sich Menschen bemühen die gleichen Gerichte zu essen, dieselbe Sprache zu sprechen und an dieselben Götter zu glauben wie ihre Vorfahren – mit der Zeit wandeln sich die Dinge doch: die Götter, die Sprachen und das Essen ebenso wie die Menschen selbst.

Aber woher kommt dieser Wandel, wenn die Leute sich so bemühen, dass alles beim Alten bleibt? Wieso sind die Länder, Sprachen und Religionen irgendwann nicht mehr das, was sie einmal waren? Warum verändern sich die Menschen? Warum haben die Griechinnen und Griechen aufgehört Zeus und Artemis zu verehren, um stattdessen an Jesus zu glauben? Woher kommen neue Gottheiten und was passiert, wenn fremde Gottheiten aufeinandertreffen?

Und, noch wichtiger: Was passiert, wenn fremde Menschen aufeinandertreffen? Wenn du zum Beispiel jemandem aus einem fernen Land begegnest, der eine fremde Sprache spricht und seltsame Speisen isst? Wenn du über den Ozean reist und an einem unbekannten Ort landest? Wirst du mit den Leuten dort klarkommen oder werdet ihr euch streiten? Wie können Menschen, die sehr unterschiedlich sind, zusammenarbeiten und sich sogar anfreunden?

Die Antwort auf diese Fragen ist eine der erstaunlichsten Geschichten, die du je hören wirst.

Und noch dazu ist es eine wahre Geschichte.

1

Drachenmenschen, Ameisenmenschen und Wolfsmenschen

Unterwegs auf dem Wasser des Todes

Vor 5.000 Jahren gab es kein Kanada, kein Griechenland und kein Deutschland, kein New York, kein Neu-Delhi und kein Berlin. Aber einige Königreiche und Städte gab es schon. Die größte Stadt der Welt war damals wahrscheinlich Uruk. Die Menschen dort sprachen die sumerische Sprache und glaubten an Gottheiten wie Inanna, An und Enki – alle drei heute völlig vergessen.

Die Uruker erzählten sich viele interessante Geschichten über ihre Göttinnen und Götter, aber auch über ihr Volk und ihre Stadt. **Das Geschichtenerzählen war sehr wichtig,** denn es schaffte ein Zusammengehörigkeitsgefühl. Die Menschen fühlten sich einander verbunden, wenn sie alle die gleichen Geschichten kannten und gemeinsam an sie glaubten. Und wenn sie sich verbunden fühlten, konnten sie viel besser zusammenarbeiten. Das Geschichtenerzählen ist einer der wichtigsten Trümpfe von uns Menschen – **es macht uns mächtiger als jedes andere Tier auf der Welt.**

Um zu verstehen, wie Geschichten und die Zusammenarbeit uns stark gemacht haben, reicht ein Blick in die Tierwelt. Schauen wir uns zum Beispiel die Schimpansen an. Zehn Schimpansen können gute Freunde werden und gemeinsam Ferkel jagen, nach Bananen suchen oder einen Leoparden verscheuchen. Aber 1.000 Schimpansen können nicht zusammenarbeiten, denn dazu kennen sie sich nicht gut genug. Stell dir vor, du würdest 1.000 Schimpansen an einem Ort versammeln und ihnen einen Riesenhaufen Bananen zum Teilen geben. Was, glaubst du, würde passieren? Richtig: Alle würden laut kreischend durcheinanderrennen und sich gegenseitig verprügeln, um an die Bananen zu kommen.

Würdest du die Schimpansensprache sprechen, könntest du einen von ihnen fragen: »Warum streitet ihr? Es sind doch genug Bananen für alle da!«

»Stimmt schon«, würde der Schimpanse wahrscheinlich antworten. »Aber die meisten aus der Horde hab ich noch nie gesehen. Wie kann ich ihnen da trauen? Vielleicht wollen sie mich ja umbringen und sich die Bananen selbst unter den Nagel reißen?«

Wir Menschen sind da anders. Wir haben schon vor langer Zeit herausgefunden, wie wir mithilfe von Geschichten in großen Gruppen zusammenarbeiten und mit vereinten Kräften Städte und Königreiche errichten können. **Sogar eine Million Menschen können zusammenarbeiten und sich auf gemeinsame Regeln einigen,** solange sie alle an dieselben Geschichten glauben. Geschichten wie die über die großen Gottheiten Inanna und An. Die Bewohner Uruks erzählten sich zum Beispiel, dass Inanna verboten hätte Menschen zu töten und Essen zu stehlen. Und weil die Uruker die Geschichte glaubten, hielten sie sich an das Verbot – weshalb man ziemlich sicher sein konnte in Uruk weder getötet noch bestohlen zu werden.

Die Geschichte jedoch, die die Uruker am stärksten vereinte, handelte nicht von einer Gottheit, sondern von einem menschlichen Helden. Gilgamesch hieß er. Wir kennen ihn, weil Archäologen in der Nähe von Uruk jahrtausendealte Tontafeln ausgegraben haben, in die Gilgameschs Geschichte eingeritzt ist.

Es war einmal ein Mann namens Gilgamesch, so heißt es dort. Er war der mutigste Mann der Welt. Er wurde König von Uruk, kämpfte gegen zahlreiche Ungeheuer und tötete sogar das gefährliche Monster Humbaba. Eines Tages starb Gilgameschs bester

Freund, Enkidu. Gilgamesch setzte sich neben den toten Körper und wachte sieben Tage und Nächte lang über ihn – bis er plötzlich eine Made aus dem Nasenloch seines Freundes kriechen sah. Diese kleine Made jagte Gilgamesch mehr Angst ein als das Monster Humbaba. Gilgamesch erkannte, dass das, was Enkidu zugestoßen war, eines Tages auch ihm drohte. Er würde sterben und Maden würden seinen Körper fressen – seine starken Arme, sein Gehirn und seine Nase. Was brachten ihm da sein ganzer Reichtum, seine Macht und sein Ruhm? Warum sollte er diesen Dingen nachjagen, wenn er sowieso als Madenfutter endete? Also fasste Gilgamesch einen Entschluss: Er würde den Tod besiegen.

Er verließ Uruk und reiste von Land zu Land auf der Suche nach einem Weg, den Tod zu überwinden. Er begegnete vielen Gefahren, tötete noch mehr Ungeheuer, kämpfte gegen grässliche Skorpionmenschen und hörte schließlich von jemandem, der möglicherweise das Geheimnis des ewigen Lebens kannte. Der Mann hieß Utnapischtim und Inanna, An und alle anderen Götter liebten ihn so sehr, dass sie ihm Unsterblichkeit geschenkt hatten. Aber leider lebte Utnapischtim jenseits eines großen, unüberwindbaren Ozeans. Wenn man auch nur einen Tropfen des tödlichen Wassers berührte, starb man.

Wie konnte Gilgamesch hinübergelangen?

Zum Glück fand er einen neuen Freund, Urshanabi, der ein Boot hatte. Aber wie sollte er über das Wasser des Todes rudern, ohne es zu berühren oder auch nur einen Spritzer abzubekommen? Kurzerhand bastelte er aus seinem Hemd ein Segel, stellte sich ins Boot und benutzte seinen großen Körper und seine kräftigen Hände als Mast und Rah. So erfand Gilgamesch das erste Segelboot der Welt und überquerte damit das Wasser des Todes – ohne zu rudern und auch nur einmal nass zu werden.

Als er schließlich bei Utnapischtim ankam und ihn nach dem Geheimnis des ewigen Lebens fragte, erzählte ihm Utnapischtim von einer Wunderpflanze, die auf dem Grund eines anderen Meeres wuchs, eines Meeres des Lebens. »Wenn du diese kleine Pflanze isst«, sagte Utnapischtim, »wirst du unsterblich! Aber Vorsicht: Auf der ganzen Welt gibt es nur ein einziges Exemplar davon. Wenn du das Pflänzchen verlierst, hast du keine Chance mehr dem Tod zu entkommen.« Gilgamesch band sich schwere Steine an die Füße und tauchte zum Grund des Meeres des Lebens hinab. Dort fand er die Pflanze, pflückte sie und brachte sie an Land. Doch gerade, als er sie sich in den Mund stecken wollte, wurde er ganz kurz abgelenkt – und genau in dem Moment schnappte sich eine Schlange die Pflanze und verschlang sie. Sofort häutete und verjüngte sich das Reptil und lebte ewig weiter, während Gilgamesch mit leeren Händen nach Uruk zurückkehrte. Erst da begriff er, dass er es nicht schaffen würde, dem Tod zu entkommen. Kein Mensch kann den Tod besiegen. Niemand kann die Zeit anhalten. Niemand kann den Wandel verhindern.

Genau wie Gilgamesch starb schließlich auch die Stadt Uruk. Die Straßen verwaisten, die Gebäude verfielen. Heute lebt dort niemand mehr, mal abgesehen von ein paar Spinnen, Skorpionen, Eidechsen ... und Archäologen. Die Archäologen graben in den Ruinen nach alten Schätzen – wie zum Beispiel den Tontafeln mit der Gilgamesch-Geschichte.

Obwohl Uruk also nicht mehr existiert, hat es uns ein paar wichtige Geschenke hinterlassen: nicht nur die Geschichte von Gilgamesch, sondern auch die Schrift selbst. Denn die wurde in Uruk erfunden. Dank der Uruker kannst du heutzutage E-Mails, Websites, Zeitungen und dieses Buch lesen.

Jenseits der Grenzen

Während Uruk unterging, entstanden andere Städte und Königreiche – alle mit eigener Sprache, eigenen Gottheiten und eigenen Geschichten über Helden, Götter und den Ursprung der Welt. Wie du schon weißt, waren diese Geschichten extrem wichtig – wegen des Zusammengehörigkeitsgefühls, das sie erzeugten. Genau wie die Geschichten über Inanna und Gilgamesch in Uruk.

Aber ein Königreich konnte noch so groß sein, es hatte immer Grenzen, und jenseits dieser Grenzen lebten Fremde, die an andere Geschichten glaubten. Was geschah also, wenn Menschen aus unterschiedlichen Königreichen, die an unterschiedliche Geschichten glaubten, aufeinandertrafen? Gab es Ärger oder fanden sie einen Weg, miteinander klarzukommen? Und wenn ja, wie schafften sie das?

Wir Menschen haben Angst vor allem, was anders ist. Wir haben Angst vor Fremden, vor unbekannten Orten, vor ungewohnten Speisen und vor Ideen, die uns nicht vertraut sind. Manche Leute denken sogar: »Wenn ich die Grenzen meines Landes überschreite, werde ich am Ende noch umgebracht«. Gleichzeitig fühlen wir uns zu fernen Orten aber auch hingezogen. Manchmal finden wir das, was wir schon kennen, nämlich langweilig und das Neue, Unbekannte erscheint uns aufregend! Wer weiß, was für Überraschungen hinterm Horizont auf uns warten? Schätze und Wunder, exotische Köstlichkeiten, neue Freunde? Vielleicht treffen wir sogar jemanden, der das Geheimnis des Lebens kennt?

Genau deshalb gab es trotz aller Ängste schon immer Menschen, die es drängte, die Grenzen ihrer Heimat hinter sich zu lassen und in die weite Welt aufzubrechen.

Aber was genau passierte, wenn Menschen weit weg von zu Hause Fremden begegneten? Lass uns in unserer Fantasie eine kleine Reise unternehmen, um das zu verstehen. Stell dir einen Jungen vor, der vor mehr als 2.200 Jahren in einer Stadt namens Ephesos lebte. Er hieß Heraklit und war kurz davor, seine Heimat zum ersten Mal zu verlassen und mit seinem Vater über das Meer in die ferne Stadt Karthago zu segeln.

In der Antike haben viele Menschen solche Reisen unternommen und wir wissen durch archäologische Funde und aus alten Dokumenten, wie die Städte Ephesos und Karthago aussahen, mit welchen Schiffen ihre Bewohner segelten und welche Geschichten sie sich erzählten. Natürlich ist Heraklit keine echte Person und was wir über ihn erzählen, ist nicht wirklich passiert. Aber die Städte Ephesos und Karthago gab es wirklich. Heute sind sie allerdings – genau wie Uruk – zwei Ruinenhaufen voller Spinnen, Eidechsen und Archäologen. Doch vor 2.200 Jahren war Karthago wohl die größte Stadt der Welt und berühmt für ihren Markt. Kaufleute aus vielen anderen Städten und Gegenden segelten dorthin, um Handel zu treiben. Und einige dieser Kaufleute, das wissen wir, kamen aus Ephesos.

Auch Ephesos war eine sehr wichtige Stadt, die für den schönen Tempel der Göttin Artemis bekannt war. Damals wohnten in Ephesos Griechen und es wurde griechisch gesprochen. Was glaubst du, wohin müsstest du heute reisen, um die Ruinen des Artemis-Tempels zu besichtigen? Nach Griechenland? Nein, in die Türkei, denn viele Städte an der heutigen türkischen Küste waren vor 2.200 Jahren griechisch. Ganz schön verwirrend, oder? Aber so ist das mit der Geschichte: Menschen, Länder, Sprachen und Religionen – alles ist ständig im Wandel.

Einäugige Riesen

Jetzt stell dir Heraklit vor, wie er kurz vor seinem Aufbruch nach Karthago zum Artemis-Tempel ging. Er wollte die Göttin bitten ihn auf seiner Reise zu beschützen. Artemis war die Göttin der Natur, der wilden Tiere, der Pflanzen und der Kinder. Es hieß, sie könne durch die Luft fliegen, sehen und hören, was in Hunderten Kilometern Entfernung passiert, und sogar Tiere und Pflanzen erschaffen. Man erzählte sich auch, dass sie schreckliche Krankheiten heilen konnte. Aber wenn sie sich über die Menschen ärgerte, dann wurde sie furchterregend: Dann schnappte sie sich ihren magischen Jagdbogen und ihre Pfeile und beschoss die Menschen vom Himmel aus mit Krankheiten – bis sie reihenweise starben. Also betete Heraklit zu Artemis, sie möge ihn vor Krankheiten, wilden Tieren, Stürmen und anderen Übeln schützen.

Der Artemis-Tempel war das größte Bauwerk, das Heraklit je gesehen hatte. Und auch sonst kannte kaum jemand in der damaligen Zeit ein ähnlich imposantes Gebäude. Die Leute kamen von weit her nach Ephesos, nur um den Tempel zu bewundern. Er galt als eines

der sieben Weltwunder (die übrigen sechs waren ebenfalls besonders eindrucksvolle, prächtige Bauten oder Statuen).

Der Tempel war ungefähr so groß wie ein heutiges Fußballfeld – etwa 115 Meter lang und 55 Meter breit. Und er ragte 30 Meter hoch auf! Er war aus strahlend weißem Marmor gebaut und wurde von 120 Marmorsäulen getragen. Im Inneren befand sich eine riesige, wunderschöne Statue der Göttin Artemis, die mit Gold und Silber überzogen war. Gemälde, Juwelen und weitere Statuen schmückten die Wände.

Nachdem Heraklit im Tempel gebetet hatte, verabschiedete er sich noch von seinem zweiten Lieblingsort in Ephesos – dem Theater. Das war ebenfalls ein großes Gebäude mit vielen Marmorsäulen, in dem Schauspieler Stücke über das Leben der Götter und die Abenteuer verschiedener Helden aufführten. Heraklit liebte diese Stücke und träumte davon, eines Tages selbst heldenhafte Abenteuer zu erleben. Vielleicht würde dann sogar jemand ein Stück über ihn schreiben!

Auf dem Weg zum Theater traf er ein paar Freunde, die ihn gesucht hatten, um sich von ihm zu verabschieden. Die Reise nach Karthago und zurück würde viele Monate dauern und damals gab es natürlich noch keine Telefone oder Computer. Wenn man zu einer weiten Reise aufbrach, konnte man seine Freunde also lange Zeit nicht sprechen. Vielleicht sogar nie mehr.

»Warum willst du weg, Heraklit?«, fragten seine Freunde.

»Mein Vater segelt nach Karthago und er möchte, dass ich ihn begleite.«

»Mach das bloß nicht!«, rief einer aus der Gruppe. »Das ist viel zu gefährlich! **Außerhalb von Ephesos wimmelt es vor Ungeheuern!** Hast du noch nie von den riesigen Zyklopen gehört? Die werden vier Meter groß, hab ich gehört – und fressen Menschen! Sie sollen nur ein einziges Auge haben, genau in der Mitte des Kopfes!«

»Von denen hab ich auch gehört!«, rief ein rothaariges Mädchen. »Und außerdem von Hexen, die dich mit leckerem Essen in ihr Haus locken. Aber sie mischen einen Zaubertrank hinein und wenn du es isst, verwandelst du dich in ein Schwein!«

»Das stimmt!« Der erste Junge war so aufgeregt, dass seine Nase zu laufen begann. **»Und dann gibt's noch die Sirenen!** Das sind Seevögel mit menschlichen Köpfen, die auf schroffen Felsen mitten im Meer lauern. Sobald ein Schiff vorbeikommt, heben sie ihre Menschenköpfe und stimmen die bezauberndsten Lieder an. Niemand, der ihren Gesang hört, kann ihm widerstehen. Du segelst näher und näher, weil du unbedingt lauschen willst ... und zack! ... zerschellt dein Schiff auf den Felsen und die Sirenen greifen dich an und zerreißen dich in Stücke!«

»Ach, das schreckt mich nicht«, versicherte Heraklit, obwohl ihm jetzt doch ein wenig mulmig war. »Wenn mich die Zyklopen oder Sirenen angreifen, schnappe ich mir mein Schwert und ramme es ihnen in den Bauch.«

»Blödsinn, Zyklopen und Sirenen gibt's gar nicht«, sagte eine andere Freundin. »Das sind Märchen, die sich die Leute über Orte erzählen, die sie nicht kennen. Ich wette, anderswo erzählt man sich ähnliche Gruselgeschichten über uns. Über menschenfressende Riesen und Hexen, die ihr Unwesen in Ephesos treiben. Dabei sind die Menschen überall gleich, egal wohin man reist.«

Das Mädchen hatte natürlich recht. Zyklopen, Sirenen und andere Ungeheuer existierten nur in den vielen Geschichten, die man sich erzählte. Ein besonders guter Geschichtenerzähler aus jener Zeit hieß Homer. Gleich zwei seiner Geschichten sind weltberühmt geworden: die »Ilias« und die »Odyssee«. In der »Ilias« erzählt er, wie

griechische Krieger, angeführt von den Helden Agamemnon, Menelaos, Achilles und Odysseus, die Stadt Troja erobern. In der »Odyssee« beschreibt er, wie Odysseus später um die Welt reist und scharenweise Zyklopen, Sirenen, Zauberern und Hexen begegnet. Vielleicht kennst du sogar ein paar Episoden aus dem Buch und bekommst gerade Lust, den Rest auch noch zu lesen?

»Okay, kann sein, dass die Zyklopen und Sirenen erfunden sind«, sagte der Junge mit der laufenden Nase. »Aber es ist trotzdem riskant, an unbekannte Orte zu reisen. Selbst wenn die Fremden Menschen sind – sie können genauso gefährlich sein wie Zyklopen!«

»Richtig!«, stimmte die Rothaarige zu. »Ich hab gehört, dass die Welt voller Feinde und Piraten ist. Und noch schlimmer: voller Römer! Sie werden dich ausrauben und töten, Heraklit.«

»Aber ich fahre doch nach Karthago«, rief Heraklit. »Dort gibt's keine Römer. Nur Karthager.«

»Trotzdem ist es gefährlich in Karthago!«, widersprach Schniefnase. »Sie haben dort sehr seltsame Regeln und weil du die nicht kennst, wirst du wahrscheinlich dagegen verstoßen und bestraft werden. Vielleicht ist es dort verboten auf der Straße zu niesen und beim kleinsten Nieser stecken sie dich ins Gefängnis oder töten dich. Und du kannst dich ja nicht mal nach ihren komischen Regeln erkundigen, weil du ihre Sprache nicht sprichst. Anders als in Ephesos spricht man in Karthago nämlich kein Griechisch. Sondern Phönizisch. Und du kennst kein einziges phönizisches Wort, oder? Wie willst du dich dort durchschlagen, Heraklit?«

»Und was wirst du dort essen?«, fragte Rotschopf. »Bestimmt schmeckt deren Zeug merkwürdig, vielleicht sogar richtig ekelig. Ich hab gehört, dass sie verfaulten Fisch essen!«

»Sie glauben jedenfalls nicht an Artemis!«, rief Schniefnase. »Wir haben der Göttin den schönsten Tempel der Welt gebaut, mit

Marmorsäulen, goldenen Statuen und allem Drum und Dran – damit sie uns beschützt. Wie wollt ihr die Göttin in Karthago um Schutz bitten? Dort gibt's keinen Artemis-Tempel.«

»Ein Theater haben sie übrigens auch nicht, kein einziges! Nach dem, was ich gehört habe, wissen sie nicht mal, was das ist – Theater«, rief Rotschopf. »Dabei siehst du dir doch für dein Leben gern die neuesten Stücke an, Heraklit. Wenn sie dich nicht töten, weil du auf der Straße niest, und wenn dich der verfaulte Fisch nicht umbringt, dann stirbst du wahrscheinlich vor Langeweile.«

»All das macht mir keine Angst«, sagte Heraklit. »Ihr wollt mich doch nur von der Reise abhalten. Erst warnt ihr mich vor einäugigen Riesen – und dann sind's auf einmal nur noch Menschen, die verfaulten Fisch essen und nicht wissen, was Theater ist. Ihr habt doch keine Ahnung, wovon ihr redet. Ich möchte Karthago mit eigenen Augen sehen. Ich hab gehört, es soll die größte Stadt der Welt sein. Ich möchte herausfinden, an welche Götter sie dort glauben, wenn schon nicht an Artemis. Und falls sie wirklich kein Theater haben, kann ich sie vielleicht dafür begeistern?«

Abstammungsgeschichten

Ängste wie die von Heraklits Freunden waren damals sehr verbreitet. Trotzdem brachen immer wieder Menschen zu langen Seereisen auf. Nicht nur von Ephesos nach Karthago, sondern zu ganz unterschiedlichen Zielen. Das wissen wir, weil Geschichten und Gedichte gefunden wurden, in denen die Reisenden über ihre Erlebnisse berichten. Außerdem haben wir die Wracks einiger Schiffe geborgen.

1982 wurde ein solches Schiff vor der türkischen Küste entdeckt, in der Nähe des Ortes Uluburun, nicht weit von Ephesos entfernt. Ein junger Fischer, er hieß Mehmet Çakir, tauchte im Meer nach Schwämmen, als er plötzlich ein paar seltsame Objekte auf dem Meeresgrund erspähte. Er informierte den Direktor des örtlichen Archäologiemuseums, der sofort ein Team von Unterwasserarchäologen losschickte. Die Taucher nahmen den Ort genauer

unter die Lupe und entdeckten in fast 50 Metern Tiefe das antike Schiff … und außerdem alle möglichen fantastischen Schätze.

Als das Uluburun-Schiff sank, war es mit zehn Tonnen Kupfer und einer Tonne Zinn beladen. Das Kupfer stammte hauptsächlich von der nahen Insel Zypern und der Zinn teilweise aus Usbekistan – was Tausende Kilometer entfernt liegt. **Außerdem befanden sich Werkzeuge und Waffen an Bord:** Sicheln, Meißel, eine Säge, eine Pflugschar, Pfeil- und Speerspitzen, Streitkolben, Dolche, vier Schwerter und zwei Äxte. Dazu noch Ebenholz aus Afrika, ein Stück Elefantenstoßzahn, ein paar Straußeneier und mehr als ein Dutzend Nilpferdzähne.

Auch Überreste von Lebensmitteln fanden die Archäologen: Oliven, Feigen, Mandeln, Nüsse, Weintrauben, Granatäpfel und Gewürze wie Koriander, Kümmel und Sumach. Und dann hatte das Schiff auch noch jede Menge Schmuck geladen: Goldanhänger, Silberarmbänder, Ringe aus Muscheln, Bernstein- und Glasperlen, zwei Kosmetikdöschen aus Elfenbein, einen Schildkrötenpanzer, der als Resonanzkörper für eine Laute gedient hatte, und eine Trompete, die aus einem Nilpferdzahn geschnitzt war.

Die Archäologen brauchten mehr als 22.000 Tauchgänge, um all die spannenden Funde zu bergen! Tauchen nach antiken Schätzen – das klingt nach einem Traumjob, oder?

Aber warum ist das Uluburun-Schiff überhaupt gesunken? Schuld waren jedenfalls weder einäugige Riesen noch singende Sirenen, sondern wahrscheinlich ein Sturm. Damals war die Welt noch ganz schön gefährlich – auch ohne Ungeheuer. Schniefnase und Rotschopf hatten nicht umsonst Angst vor dem Reisen.

Und selbst Heraklit war etwas nervös, als er die Theseus, das Schiff seines Vaters, schließlich betrat.

»Was ist los, Heraklit?«, fragte ein junger Matrose

namens Jason. Er war nur wenig älter und trug einen auffälligen goldgelben Schafspelzmantel. »Hast du Angst?«

»Natürlich nicht!« Heraklit setzte seine unerschrockenste Miene auf.

»Es ist normal, Angst zu haben«, versicherte ihm Jason. »Auf meiner ersten großen Reise hab ich vor Angst nur so geschlottert!«

»Wirklich?«, fragte Heraklit erstaunt. Er hatte Seeleute immer für absolut furchtlos gehalten.

»Natürlich«, antwortete Jason. »Man hatte mir vorher erzählt, die Welt sei voller Drachen, Hexen und Piraten, und wenn der Zyklop mich nicht fressen würde, dann würden es die Fremden tun!«

»Und stimmte irgendetwas davon?«, fragte Heraklit.

»Einiges. Zyklopen und Hexen gibt's zwar nicht, dafür hab ich in der Fremde ein paar gefährliche Typen getroffen, die mich ausrauben und umbringen wollten. Aber ich habe auch sehr nette Menschen kennengelernt. Sie zählen inzwischen zu meinen besten Freunden. Ein paar von ihnen segeln sogar hier auf der Theseus mit!«

»Was?!« Heraklit blickte sich misstrauisch um. »Du meinst die anderen Matrosen?«

»Ja. Sie stammen nicht alle aus Ephesos. Das hier zum Beispiel ist mein Freund Ödipus. Er kommt aus Theben.«

»Was ist das denn für ein Name, Ödipus?«, brummte Heraklit.

»Frag lieber nicht ...«, sagte Ödipus. »Meine Mutter hat mich nach einem alten König aus einem Theaterstück benannt, das ihr gefallen hat.«

»Echt?«, staunte Heraklit. »Ich hab mal ein Stück über Theben gesehen, in dem ein Drache vorkam!«

»Ja, es gab mal einen Drachen in Theben, aber das ist ewig her. Damals wagte kein Mensch sich dem Ort zu nähern. Bis eines

Tages ein Fürst namens Kadmos aus dem fernen Phönizien vorbeikam. Der Drache machte sich sofort daran, Kadmos' Freunde zu töten, weshalb Kadmos auf ihn losging und ihn erlegte. Da tauchte die Göttin Athene auf und befahl Kadmos, dem Drachen die Zähne zu ziehen und sie in den Boden zu pflanzen. Aus den Zähnen sprossen voll bewaffnete Krieger, die mit ihren Schwertern auf Kadmos losgingen. Kadmos warf einen Stein in ihre Mitte, woraufhin sie ihn sofort in Ruhe ließen und sich gegenseitig attackierten. Fast alle kamen dabei ums Leben, nur fünf blieben übrig. Kadmos konnte sie überreden den Kampf einzustellen und ihm beim Bau einer neuen Stadt zu helfen. Das war die Gründung von Theben. Wir Thebaner sind also Nachfahren eines Drachen. Wir sind Drachenmenschen!«

»Ach, und wie konnten Kadmos und seine fünf Drachenmänner Nachfahren für Theben produzieren?«, fragte ein Matrose namens Achilles. »Hätte es dafür nicht auch ein paar Drachenfrauen gebraucht?«

»Pah, wenigstens bin ich nicht nach einem Kerl benannt, dem eine alberne kleine Stelle an der Ferse zum Verhängnis wurde«, schnaubte Ödipus. »Du bist ja nur neidisch, weil du kein Drachenmensch bist!«

»Wieso sollte ich neidisch sein?« Achilles warf sich in die Brust. »Ich bin nach dem größten Helden benannt, der je gelebt hat. Und ich wurde auf der schönsten Insel der Welt geboren – Ägina! Und weißt du, woher wir Ägineten kommen?«

»Nein.« Heraklit schüttelte den Kopf.

»Nun, eines Tages war die Göttin Hera so wütend auf die Ägineten, dass sie eine Seuche auf die Insel schickte, die sämtliche Bewohner tötete.«

»Was hat das damit zu tun, woher ihr Ägineten kommt?«, fragte Heraklit.

»Lass mich doch ausreden!«, sagte Achilles genervt. »Es ist unhöflich, jemanden mitten in einer Geschichte zu unterbrechen. Wo war ich? Ach ja, bei der Insel, die jetzt komplett menschenleer war. Um sie wieder zu bevölkern, hat der Gott Zeus ein Wunder vollbracht und die Ameisen von Ägina in Menschen verwandelt! Deshalb nennt man uns »Myrmidonen« – das Ameisenvolk. Wir sind genauso unverwüstlich wie Ameisen. Und wir dienen unserem König genauso treu wie Ameisen ihrem König.«

»Ameisen haben keine Könige!«, spottete ein langbärtiger Matrose namens Jona. »Sondern König*innen*. Außerdem hab ich noch nie gehört, dass Ameisen unverwüstlich sind. Man kann sie doch ganz einfach zertreten. Und bist du wirklich sicher, dass man Ameisen in Menschen verwandeln kann? Das dürfte selbst einem Gott nicht ganz leichtfallen.«

»Wage es bloß nicht, eine Ameise zu zertreten, Jona«, schnaubte Achilles. »Sonst zeig ich dir, was in uns Ameisenmenschen steckt!«

»Hey, entspann dich«, sagte Jona. »Ich hab keine Angst vor dir, Achilles, ich werde vom größten Gott der Welt beschützt. Vom Gott meines Volkes, unserem Vater, der oben im Himmel wohnt. Wir nennen ihn den himmlischen Vater. Früher war mein Volk in Ägypten versklavt – aber Gott hat uns gerettet. Er ließ Frösche auf die Ägypter regnen und die Sonne verschwinden, sodass wir fliehen konnten. Die Ägypter saßen uns mit einer ganzen Schar berittener Soldaten im Nacken, aber der himmlische Vater bewirkte ein Wunder und teilte das Meer, sodass wir trockenen Fußes in ein wunderbares Land namens Kanaan ziehen konnten. Als die Ägypter uns durch das Meer folgten, schloss der himmlische Vater die Fluten wieder und sie ertranken alle! Jetzt weißt du, wo wir Juden unsere Wurzeln haben …«

»Komisch, ich war dreimal in Ägypten«, unterbrach ihn ein Matrose namens Gaius, »aber niemand dort hat je von dieser Geschichte gehört. Und an so was wie herabregnende Frösche und ein zweigeteiltes Meer würden sich die Leute doch wohl erinnern, oder?«

»Vielleicht haben sie's vergessen«, sagte Jona. »Ist ja schon ewig her.«

»Also, wenn *mein* Volk in anderen Ländern aufkreuzt, vergisst das dort niemand«, prahlte Gaius. »Und es ist auch allgemein bekannt, von wem wir abstammen. Vor langer Zeit, in einer Stadt namens Alba Longa, bekam eine Prinzessin Zwillingssöhne, Romulus und Remus. Der Vater der Jungen war der Kriegsgott Mars. Dem König von Alba Longa fiel auf, dass die Zwillinge etwas Besonderes, etwas Magisches an sich hatten, und er fürchtete, sie könnten ihn eines Tages vom Thron stoßen. Deshalb befahl er seinen Soldaten die Zwillinge zu entführen und in den Fluss Tiber zu werfen. Doch die Babys wurden ans Ufer gespült, wo eine Wölfin sie fand. Sie nahm sie mit in ihre Höhle, und anstatt sie zu fressen … säugte sie sie! Als Romulus

und Remus erwachsen waren, töteten sie den fiesen König und gründeten eine neue Stadt: Rom!«

»Also bist du Römer!«, rief Heraklit entsetzt.

»Ja, bin ich«, sagte Gaius und knurrte wie ein Wolf.

Die Matrosen lachten. »Nimm Gaius nicht zu ernst«, beruhigten sie Heraklit. »Er will dich nur erschrecken. Er ist zwar Römer, aber der netteste Mensch, den du dir vorstellen kannst. Er würde nicht mal einer Ameise etwas zuleide tun.«

»Stimmt.« Gaius wurde wieder ernst. »Ich mag Ameisen, genau wie mein Kumpel Achilles. Die Menschen geben nicht auf sie acht, aber wenn man auf sie drauftritt, leiden sie, das kann man deutlich sehen.«

»Und was hat dich auf dieses Schiff verschlagen?«, fragte Heraklit. »Und wieso sprichst du griechisch? Ich dachte, die Römer sprechen Latein.«

»Nun«, sagte Gaius, »ich war ein römischer Soldat, ein sogenannter Legionär. Während meiner Zeit in der Armee hab ich viel Gewalt erlebt. Irgendwann hab ich's einfach nicht mehr ausgehalten. Dann hat mir jemand von einem fernen Land namens Indien erzählt, wo manche Menschen so sehr gegen Gewalt sind, dass sie sogar um Ameisen einen großen Bogen machen, nur um sie nicht zu zertreten. Also beschloss ich nach Indien zu reisen, um die Menschen dort kennenzulernen. Aber Piraten haben unser Schiff geentert und alle außer mir getötet. Ich bin über Bord gesprungen und hab mich drei Tage lang an einem Stück Holz festgeklammert. Mit meinem Leben

hatte ich schon abgeschlossen. Ich dachte, die Götter würden mich für all die schlimmen Dinge bestrafen, die ich als Soldat getan hatte. Doch dann kam dein Vater mit seiner Theseus vorbei und rettete mich. Die gesamte Besatzung war so nett, dass ich beschloss auf dem Schiff zu bleiben. Das war vor zehn Jahren. Ich hatte also viel Zeit, um Griechisch zu lernen. Aber ich träume immer noch von Indien.«

»Und du, Jona, wie kommt es, dass du griechisch sprichst?«, fragte Heraklit. »Ich dachte, Juden sprechen hebräisch.«

»Meine Geschichte ist ganz ähnlich. Ich war auf dem Weg von der Hafenstadt Jaffa nach Iberia, als mein Schiff in einem Sturm sank. Aber ein großer Fisch rettete mir das Leben.«

»Ein Fisch!«, rief Heraklit. »Willst du uns etwa auf den Arm nehmen?«

»Nein, kein Witz. Ich konnte zu einer unbewohnten Insel schwimmen, aber dort gab es nichts zu essen. Ich wäre fast verhungert. Und dann habe ich plötzlich einen riesigen Fisch gefangen und gegessen. Er hat mir das Leben gerettet. Ohne ihn wäre ich jetzt tot. Ich bin mir ziemlich sicher, dass der himmlische Vater ihn mir geschickt hat. Eine Woche später ist die Theseus an der Insel vorbeigesegelt und hat mich aufgelesen. Wie Gaius bin ich an Bord geblieben und habe Griechisch gelernt.«

»Und ihr zwei?«, wandte sich Heraklit an Ödipus und Achilles. »Wo habt ihr so gut Griechisch gelernt?«

»Na hör mal!«, riefen der Thebaner und der Äginete wie aus einem Mund. »In Theben und Ägina spricht man griechisch! Sogar besser als in Ephesos!«

Das Schiff und der Markt

Menschen können mehrere Sprachen erlernen – genau wie die Matrosen an Bord der Theseus. Du lernst in der Schule sicher auch eine Fremdsprache, stimmt's? Oder bist vielleicht sogar zweisprachig aufgewachsen? Wenn Menschen dieselbe Sprache sprechen, heißt das aber noch lange nicht, dass sie sich ähneln oder im selben Land leben müssen. Heutzutage wird in Mexiko, Argentinien und Kuba spanisch gesprochen, obwohl es sich um drei verschiedene Länder handelt. Ähnlich war es im antiken Ephesos, Theben und Ägina: **An allen drei Orten wurde griechisch gesprochen,** obwohl es kein großes griechisches Land gab, zu dem sie alle gehörten. Damals waren die Griechen auf Hunderte unabhängiger Stämme, Städte, Inseln und Königreiche verteilt. Sie glaubten an unterschiedliche Geschichten und gehorchten verschiedenen Anführern. Manchmal bekämpften sie sich sogar gegenseitig.

Du hast vielleicht schon von dem großen Krieg gehört, den die beiden griechischen Städte Athen und Sparta gegeneinander führten. **Er wurde Peloponnesischer Krieg genannt** und nach und nach schlugen sich fast alle Griechen – Thebaner, Ägineten und andere – auf eine der zwei Seiten. Dass beide Kriegsparteien griechisch sprachen, verhinderte diesen schrecklichen Krieg also nicht. Auch andere Völker, wie die Juden oder Römer, konnten Griechisch lernen, doch das war keine Garantie für ein friedliches Zusammenleben.

Wenn also die Sprache nicht ausreichte, um die Menschen zu vereinen, wie konnten dann die Drachenmenschen aus Theben, die Ameisenmenschen aus Ägina und die Bewohnerinnen von Ephesos miteinander auskommen? Und wie konnten sie den Wolfsmenschen aus Rom und den Jüdinnen und Karthagern vertrauen?

Gut möglich, dass Heraklit während seiner Überfahrt nach Karthago darüber nachgegrübelt hat.

»Vielleicht«, überlegte er, »gibt's auf einem kleinen Schiff wie der Theseus deshalb keinen Streit, weil nur wenige Menschen an Bord sind. Und weil sie Zeit haben sich kennenzulernen. Außerdem hat mein Vater nur die nettesten Seeleute an Bord genommen, Jungs wie Gaius. Nach ein paar gemeinsamen Jahren auf See waren sie dann Freunde. Aber was passiert, wenn wir in Karthago ankommen? Auf dem Markt dort sollen sich mehr Fremde tummeln als irgendwo sonst auf der Welt. Und die meisten scheinen nur ein paar Tage zu bleiben. Viel zu kurz, um die Sprachen der anderen zu lernen, ihre Geschichten anzuhören und sich mit ihnen anzufreunden. Wie können sie da miteinander klarkommen? Ob ich dort angegriffen und ausgeraubt werde? Oder beherrschen die Karthagerinnen und Karthager irgendwelche geheimen Tricks, die die vielen Fremden vertrauensvoll stimmen?«

Lassen wir Heraklit noch ein bisschen weitergrübeln – wie es mit ihm weiterging, erfahren wir später. Wir gehen schon mal in Karthago an Land, um dem Geheimnis der Stadt auf die Spur zu kommen.

2

Das Geheimnis des Marktes

Die verlorene Stadt

Träumst du manchmal auch davon, in fernen Urwäldern oder Wüsten nach untergegangenen Städten mit verfallenen Tempeln und verborgenen Schätzen zu suchen? Falls ja, dann ist dein Traum gar nicht so unrealistisch, denn untergegangene Städte gibt's überall auf der Welt. Karthago ist eine von ihnen.

Karthago wurde an der nordafrikanischen Mittelmeerküste erbaut. *Heute heißt das Land ringsum Tunesien.* Aber falls du mal nach Tunesien reist und bei der Gelegenheit Karthago anschauen willst, wirst du dich wundern. Denn ähnlich wie im heutigen Ephesos wirst du dort außer ein paar Ruinen, kaputten Marmorsäulen, herumliegenden Steinblöcken, Tonscherben, Spinnen, Skorpionen und Eidechsen nicht viel sehen. Würdest du jedoch ein bisschen in der Erde buddeln, könntest du mit etwas Glück Tempel und Paläste entdecken. Und obendrein wunderschöne Statuen, alte Schwerter, Edelsteine, goldene Kronen und silberne Armbänder. Denn in seiner Blütezeit war Karthago wohl nicht nur die größte, sondern auch die reichste Stadt der Welt.

Gegründet wurde sie vor etwa 2.800 Jahren von Phöniziern, die von Phönizien quer übers Mittelmeer nach Nordafrika gesegelt waren. Zur Zeit von Heraklit lebten etwa eine halbe Million Menschen in Karthago und dazu noch Tausende in den angrenzenden kleinen Städten und Dörfern.

Wie wär's, wenn wir auf unserem Landgang zwei Jugendliche, Hannibal und Saponibal, begleiten, die ebenfalls zum ersten Mal nach Karthago kamen? Die Geschwister wohnten in einem der umliegenden Dörfer und wollten in der Stadt ihre ältere Schwester

besuchen und sich zwei berühmte Bauwerke ansehen: die Tempel von Baal und Tanit. Baal und seine Mutter Tanit waren die wichtigsten Gottheiten Karthagos. Leider verirrten sich Hannibal und Saponibal schnell im Labyrinth der Gassen, die Stadt war einfach zu groß. Doch zum Glück trafen sie nach einer Weile ein Mädchen, das sich auskannte.

»Entschuldige, kannst du uns zeigen, wo es zu den Tempeln von Baal und Tanit geht?«, fragte Hannibal mit seiner höflichsten Stimme. »Wir haben uns verlaufen.«

»Aber klar, gerne! Und ärgert euch nicht – Fremde verirren sich hier ständig. Ich heiße übrigens Batbal, aber ihr könnt mich Bati nennen.«

»Schön dich kennenzulernen, Bati«, antwortete Saponibal. »Ich bin Saponibal, aber du kannst gerne Sapo sagen. Das ist mein Bruder Hannibal … ähm, und du kannst ihn gerne Hannibal nennen. Er hasst es, wenn man seinen Namen abkürzt.«

»Stimmt!«, sagte Hannibal. »Ich mag meinen Namen so, wie er ist. Ich bin nämlich nach dem berühmten Heerführer Hannibal benannt!«

»Oh, von dem hab ich schon gehört.« Batbal nickte.

»Klar, wer kennt ihn nicht?«, rief Hannibal. »Er hat ja mit dem gesamten karthagischen Heer und seinen Kriegselefanten die schneebedeckten Alpen überquert. Das hat sich vor ihm noch niemand getraut! Und dann hat er in der Schlacht von Cannae gleich sechzehn römische Legionen geschlagen. Ein unglaublicher Sieg!«

Saponibal verdrehte die Augen. »Ja, das erzählst du ständig. Aber dass er den Krieg am Ende verloren hat, das verschweigst du gern ...«

Dann machten sie sich auf den Weg. Saponibal und Hannibal waren überwältigt von dem, was sie sahen. Ihr Dorf bestand aus kleinen Häusern und Hütten und man musste zum Brunnen laufen, um Wasser zu holen. In Karthago gab es hohe Wohnblocks und sogar Rohre, die das Wasser in die oberen Etagen brachten! Aber noch mehr staunten die beiden über die Menschenmassen. In ihrem Dorf lebten nur etwa hundert Leute, dort kannte man sich – man kannte sogar die Hunde und Ziegen. Karthago dagegen hatte eine halbe Million Einwohnerinnen und Einwohner und zusätzlich hielten sich noch Tausende Fremde in der Stadt auf. Saponibal und Hannibal schwirrte der Kopf von dem Sprachengewirr.

»Bei Baal und Tanit!«, entfuhr es Hannibal plötzlich. »Ich glaube, da hat jemand Latein gesprochen! Gibt's hier etwa auch Römer?!«

»Keine Sorge«, sagte Batbal, »das war Griechisch. Aber, ja, ein paar Römer gibt's hier auch.«

»Bei Baal und Tanit!«, rief Hannibal noch einmal. »Die müssen wir erledigen! Schnell, bevor sie uns töten!«

»Hier wird niemand getötet«, sagte Batbal entschieden. »Seitdem Hannibal den Krieg verloren hat, herrscht Frieden zwischen Karthago und Rom.«

Bevor ihr Bruder sich weiter über die Römer aufregen konnte, fragte Saponibal schnell: »Warum sind denn so viele Fremde hier, Bati? Wollen die alle die Tempel von Baal und Tanit sehen?«

»Einige schon«, antwortete Batbal. »Aber die meisten sind wegen des Marktes hier. Auf dem Markt von Karthago kann man nämlich alles kaufen. Sogar Elefanten.«

Das stimmte. Der karthagische Markt war der größte der Welt und zog Menschen aus Hunderten und sogar Tausenden von Kilometern Entfernung an. Arabische und jüdische Kaufleute brachten Gewürze wie Pfeffer und Zimt nach Karthago, griechische Kaufleute allerbeste Weine aus Griechenland und dazu noch Parfüme, Tontöpfe und Tonteller. Händler aus Ägypten, Persien und Indien kamen mit Gold- und Silberschmuck, feinen Stoffen, Glas und Papyrus. Und, ja, man konnte sogar Elefanten kaufen. Sie wurden extra aus der afrikanischen Savanne nach Karthago gebracht.

»Elefanten!«, schwärmte Hannibal. »Ich liebe Elefanten! Der Heerführer Hannibal ist auf einem Elefanten fast bis vor die Tore Roms geritten ...!«

Saponibal stöhnte und wechselte schnell das Thema. »Was ist das für ein komischer Geruch?«

»Meinst du Garum?«, erklärte Batbal. »Das ist eine Soße aus vergorenem Fisch.«

»Vergorener Fisch?! Und so was essen die Leute?«, riefen Saponibal und Hannibal entsetzt.

»Das ist so was von lecker!«, schwärmte Batbal. »Der beste Garum kommt aus Spanien. Dort nehmen sie die Eingeweide von ganz kleinen Fischen, mischen sie mit Salz und lassen sie ein paar Monate in der Sonne liegen. Händler aus Karthago fahren extra nach Spanien und bringen von dort ganze Krüge voller Garum mit. Und Händler aus anderen Ländern kommen

nach Karthago, um den Garum zu kaufen. Wollt ihr ihn auch mal probieren?«

»Och, nö, lass mal.« Beide schüttelten den Kopf. »Wir probieren lieber Olivenöl.«

»Dann seid ihr hier richtig.« Batbal lächelte. »Ihr müsst unbedingt in den Olivenölladen in der Nachbarstraße. Er wird von einem griechischen Händler beliefert, der weiß, wo es das beste Olivenöl der Welt gibt! Ich sage euch, auf unserem Markt gibt's wirklich alles. Deshalb kommen die Leute ja von so weit her und deshalb ist Karthago die reichste Stadt der Welt.«

»Die Leute kommen also her, um ihr Olivenöl und ihren Zimt und ihre Elefanten zu verkaufen und vergorene Fischsoße und Stoffe zu kaufen, und dann fahren sie wieder nach Hause? Nach Griechenland oder Arabien oder sonst wohin?«, fragte Hannibal.

»Viele ja.« Batbal nickte. »Aber manche bleiben auch länger, einige sogar für immer. So wie mein Großvater.«

»Dein Großvater?!« Hannibal riss vor Überraschung die Augen auf.

»Ja. Er heißt Heraklit. Als er ungefähr so alt war wie wir, kam er nach Karthago. Auf dem Markt verliebte er sich in ein karthagisches Mädchen und blieb. Das Mädchen war meine Großmutter.«

»Bei Baal und Tanit!«, rief Hannibal wieder. »Dann hast du uns ja angelogen. Du bist Griechin! Aber warum hast du dann einen karthagischen Namen?«

»Ich bin keine Griechin«, protestierte Batbal. »Ich komme aus Karthago, genau wie ihr. Ich glaube an Baal und Tanit, genau wie ihr. Ich spreche

nicht mal griechisch, abgesehen von ein paar Schimpfwörtern, die mir mein Großvater beigebracht hat. Eigentlich spricht er phönizisch, aber wenn er sich richtig aufregt, flucht er immer noch auf Griechisch.«

Hannibal beruhigte sich ein wenig. »Na, wenigstens bist du Griechin und keine Römerin. Die Griechen sind unsere Freunde. Sie hassen die Römer genauso wie wir.«

»Bei Baal und Tanit!«, schimpfte Batbal. »Ich bin keine Griechin! Nur weil mein Großvater von jenseits des Meeres kam, bin ich noch lange keine Fremde.«

»Weißt du, was unsere Großmutter mir mal erzählt hat?« Saponibal sah ihrem Bruder fest in die Augen. »Dass ursprünglich alle Karthager von jenseits des Meeres kamen. Davor lebten hier die Numider – bis eines Tages die phönizische Königin Elissa mit ihren phönizischen Landsleuten hier aufkreuzte. Aber Jarbas, der Numiderkönig, wollte nicht, dass die Phönizier blieben. Deshalb gewährte er ihnen nur ein winziges Stückchen Land – eine Fläche so groß wie die ausgebreitete Haut eines Ochsen. Und weißt du, was Königin Elissa daraufhin tat?«

»Was?«, fragte Hannibal.

»Sie tötete einen Ochsen, häutete ihn, schnitt die Haut in hauchdünne Streifen und legte die Streifen so aneinander, dass sie den Umriss eines gigantischen Kreises bildeten. So bekamen wir dieses Land und bauten darauf Karthago.«

»Ja, jetzt, wo du's sagst, erinnere ich mich. Mir hat Großmutter die Geschichte auch erzählt«, sagte Hannibal. »Heißt das denn, dass wir alle hier Fremde sind? Weil wir alle von irgendwo anders nach Karthago gekommen sind?«

Von Bäumen und Menschen

Es ist nicht immer ganz leicht zu erkennen, wer einheimisch ist und wer nicht. Seit jeher ziehen Menschen von Land zu Land und einige von ihnen lassen sich irgendwo nieder und heiraten jemanden vor Ort. Und während kein Wunder der Welt es schafft, Drachenzähne in Krieger zu verwandeln oder Ameisen in Menschen, schafft es die Zeit, aus Fremden allmählich Einheimische zu machen.

Saponibal und Hannibal dachten noch immer über Königin Elissa und ihren Trick nach. **Was bedeutete ihre Geschichte?** Dass sie alle Fremde waren? Nach einer Weile riss Batbal sie aus ihrer Grübelei: »Mein Großvater Heraklit sagt immer, dass wir Menschen keine Bäume sind. Wir haben keine Wurzeln, die uns an einem Ort festhalten, sondern Beine, um uns fortzubewegen. Außerdem haben wir Karren und Schiffe erfunden. Mit denen sind wir noch schneller und kommen noch weiter. Und jeder Ortswechsel verändert uns ein wenig. Macht uns ein kleines bisschen anders.«

»Was meinst du mit ›anders‹?«, fragte Hannibal.

»Es ist so wie mit der Theseus, dem Schiff meines Großvaters. Zuerst gehörte es seinem Vater, der es in Ephesos gebaut hatte. Als mein Großvater dann meine Großmutter heiratete und sich in Karthago niederließ, bekam er die Theseus zur Hochzeit geschenkt. Ein Jahr später ging ein Ruder kaputt und mein Großvater ersetzte es durch ein neues vom karthagischen Markt. Was meint ihr – war das Schiff danach immer noch die Theseus? Oder ist es zu einem anderen Schiff geworden?«

»Es war natürlich immer noch die Theseus!«, antwortete Hannibal, ohne zu zögern. »Ein ausgetauschtes Ruder macht doch kein anderes Schiff daraus.«

»Ein Jahr später ging noch ein Ruder kaputt«, fuhr Batbal fort, »und mein Großvater ersetzte auch dieses. War es danach immer noch die Theseus?«

»Klar.«

»Im dritten Jahr zerfetzte ein Sturm das Segel und mein Großvater kaufte auf dem Markt ein neues. Was denkt ihr jetzt?«

»Das Schiff war immer noch die Theseus«, sagte Hannibal, aber er klang nicht mehr ganz so überzeugt.

»Im folgenden Jahr entdeckte mein Großvater eine morsche Planke im Schiffsrumpf und tauschte sie aus. War es danach immer noch dasselbe Schiff?«

»Äh, ja, ich denke schon. War doch nur eine Planke.«

»Im nächsten Jahr musste er eine zweite Planke ersetzen.«

»Danach war es trotzdem noch die Theseus«, sagte Hannibal und dachte bei sich, dass Batbal das klügste Mädchen war, das er je getroffen hatte.

»Jedes Jahr ersetzte mein Großvater eine weitere Planke, bis nur noch eine Planke des ursprünglichen Schiffs übrig war. Schließlich zerbrach auch sie und mein Großvater tauschte sie gegen eine neue aus. Handelte es sich danach immer noch um die Theseus?«

»Hm, eher nicht«, antwortete Hannibal zögernd. »Vom ursprünglichen Schiff aus Ephesos war doch nichts mehr übrig. Weder die Ruder noch das Segel noch die Planken. Wie kann es da dasselbe Schiff sein?«

»Und wann genau hat die Theseus aufgehört die Theseus zu sein? Wann hat sie sich in ein anderes Schiff verwandelt?«, fragte Batbal. »Als das erste Ruder ausgetauscht wurde? Oder die erste Planke? Oder die letzte Planke?«

»Gute Frage, Bati. Ich weiß nicht, wo ich die Grenze ziehen soll.«

»Tja, und genauso ist es mit uns Menschen. Auch zwischen verschiedenen Menschengruppen lassen sich nicht so einfach Trennlinien ziehen, zumal sich die Leute oft über sie hinwegbewegen. Selbst jemand aus einem fernen Land kann plötzlich Teil deiner Familie sein. Als mein Großvater mit der Theseus aus Ephesos kam, war er Grieche. Ich, seine Enkelin, bin Karthagerin. Und so, wie man nicht genau sagen kann, wann die Theseus zu einem neuen Schiff wurde, kann man auch nicht so einfach sagen, wann ein Grieche zu einem Karthager wird!«

»Ich verstehe, was du meinst, Bati.« Hannibal lächelte. »Sobald auf einem Markt Menschen aus verschiedenen Ländern miteinander zu tun haben, lässt sich nicht mehr so einfach sagen, wer einheimisch und wer fremd ist. Aber eines verstehe ich nicht. Wie schlagen sich die Fremden überhaupt auf dem Markt durch? Wie versorgen sie sich mit Rudern, Segeln, Gewändern,

Olivenöl, vergorener Fischsoße und Elefanten? Sie kommen doch aus verschiedenen Gegenden der Welt, sprechen unterschiedliche Sprachen, verehren unterschiedliche Götter und sind mit unterschiedlichen Geschichten aufgewachsen. **Wie können sie sich da auf irgendetwas einigen und einander überhaupt vertrauen?**«

»Gute Frage.« Batbal dachte kurz nach. »Ich glaube, es liegt daran, dass sie alle einer bestimmten Sache vertrauen. Eine Sache, bei der sich alle einig sind – trotz unterschiedlicher Sprachen und Götter. Es ist eine der seltsamsten und wichtigsten Sachen der Welt.«

»Was ist es?«, fragte Hannibal.

»Kommt, wir gehen in einen Laden, dort zeige ich's euch. Braucht ihr zufällig irgendetwas hier vom Markt?«

»Ja! Ich brauche Schuhe«, rief Saponibal. »Meine sind kaputt. Mein Onkel hat sie mir letztes Jahr gemacht, aber ehrlich gesagt: Er ist nicht der beste Schuhmacher. Meinst du, ich finde hier jemanden, der mir ein neues Paar herstellt?«

»Klar! Es gibt reihenweise Schuhgeschäfte auf dem Markt. Kommt, wir gehen zu meinem Lieblingsschuhmacher, Wen-Amun. **Er stammt aus Ägypten und ist ein echtes Schuhmacher-Genie!** Aber ich warne euch: Ein netter Mensch ist er nicht.«

»Und du meinst, der wird mir Schuhe machen?«

»Wir werden ihn schon überreden«, sagte Batbal grinsend.

Die schlauste Erfindung überhaupt

Als sie Wen-Amuns Laden betraten, staunten Saponibal und Hannibal über das große Angebot an schönen Schuhen. Ein Paar stach Saponibal besonders ins Auge. Sie zeigte darauf und fragte den Schuhmacher mit ihrer freundlichsten Stimme: »Bitte, mein Herr, könnten Sie mir auch solche machen?«

»Hm …«, brummte Wen-Amun, »du hast einen teuren Geschmack, junge Dame. Diese Schuhe sind aus ägyptischem Leder, das ich extra aus der Krokodil-Stadt im Niltal mitbringe. Und die Schnalle ist aus reinem Kupfer! Der stammt aus Zypern. Alles vom Feinsten!«

»Das trifft sich gut! Als mein Onkel mir meine letzten Schuhe gemacht hat, sagte er, ich verdiene nur das Beste.«

»Und wie viel musstest du deinem Onkel dafür geben?«, fragte Wen-Amun.

»Wie meinen Sie das? Bei uns im Dorf geben die Leute einander, was sie brauchen, ohne etwas dafür zu verlangen.«

»Aber wir sind hier nicht in deinem Dorf und ich bin nicht dein Onkel. Und ehrlich gesagt bin ich nicht sicher, ob du dir solche Schuhe leisten kannst.«

»Oh, jetzt verstehe ich. Sie wollen, dass ich Ihnen im Gegenzug für die Schuhe etwas gebe?«

»Ja, so läuft das nun mal auf dem Markt.«

»Hm, mal sehen.« Saponibal kramte in ihrer Tasche.

»Schöne Tasche, die du da hast«, bemerkte Wen-Amun. »Ich tausche die Schuhe gegen die Tasche.«

»Was?!«, rief Saponibal erschrocken. »Die hat mir meine Großmutter genäht, kurz bevor sie starb. Sie hat sogar Blumen und Vögel draufgestickt. Nein, die gebe ich nicht her, auf keinen Fall. Aber schauen Sie mal, wir haben heute Morgen am Strand schöne Muscheln gesammelt. Die können Sie gerne haben.«

Der Schuhmacher runzelte die Stirn.

»Ich hab auch noch einen halben Laib Brot übrig.«

Die Stirnrunzeln vertieften sich.

»Und fünf Feigen. Aus unserem Obstgarten im Dorf. Die sind supersaftig und total süß.«

»Glaubst du ernsthaft, die Schuhe sind fünf lumpige Feigen wert?«

»Wenn Sie wollen, kann ich Ihnen auch noch mehr bringen. Kein Problem. Der ganze Obstgarten hängt voll.«

»Und woher soll ich wissen, wie viele Feigen die Schuhe wert sind? 100? 200? 1.000? Außerdem mag ich gar keine Feigen. Ich kriege Bauchschmerzen, wenn ich zu viele davon esse.«

»Sie müssen sie ja nicht alle selbst essen. Sie können ja welche verschenken. Oder Ihrem Friseur ein paar geben, wenn Sie einen neuen Haarschnitt brauchen.«

»Und wie viele Feigen kostet ein Haarschnitt? Und was, wenn der Friseur auch keine Feigen mag?«

»Wie wäre es, wenn Sie die Feigen aufbewahren, bis Sie einen Friseur finden, der sie mag?«

»Sag mal, willst du mich auf den Arm nehmen?«, schnauzte der Schuhmacher. »Meine Schuhe halten jahrelang, während deine Feigen in ein paar Tagen verfault sind. Vergiss es. Ich fertige dir keine Schuhe für Feigen. Verschwinde aus meinem Laden, du verschwendest meine Zeit!«

»Moment«, rief Batbal und zog eine glänzende Goldmünze aus ihrer Tasche. »Würden Sie uns die Schuhe dafür verkaufen?«

»Na, das sieht doch schon besser aus!« Lächelnd nahm der Schuhmacher Batbal die Münze aus der Hand. »Die Schuhe gehören euch!« Sorgfältig maß er Saponibals Füße aus, machte ein paar Markierungen auf einer nagelneuen Lederhaut und sagte ihr, dass sie die neuen Schuhe am nächsten Tag abholen könnte.

Saponibal war überglücklich, aber auch ein bisschen verwirrt.

»Was war das für ein glänzendes Ding, das du dem Schuhmacher gegeben hast?«, fragte sie Batbal. »Und warum hat er uns die Schuhe plötzlich so schnell verkauft? Um meine Feigen hat er so ein Getue gemacht und bei deinem goldenen Ding hat er nicht einmal nachgefragt ... Was war das?«

»Das war Geld. Hier, für dich hab ich auch was.« Batbal reichte Saponibal eine Goldmünze. »Was du da in deiner Hand hältst, ist vielleicht die schlauste Erfindung aller Zeiten.«

»Oh, von diesem Gelddingens hab ich schon gehört.« Saponibal drehte die Münze hin und her. »Unsere Eltern haben neulich darüber gesprochen. Aber ich hab's noch nie gesehen. So was benutzen wir im Dorf nicht. Guck mal, Hannibal! Da ist die Göttin Tanit drauf! Und auf der anderen Seite ein Pferd!«

»Unglaublich!«, staunte Hannibal. »Und wofür genau ist dieses Geld gut, Bati? Ich meine, hübsch ist es auf jeden Fall. Aber warum war der schlecht gelaunte Schuhmacher so scharf darauf? Wie funktioniert Geld?«

Die Geschichte des Geldes

Wie funktioniert Geld? Da hatte Hannibal eine sehr wichtige Frage gestellt. Eine Frage, die auch heute noch viele Menschen beschäftigt. Denn obwohl fast alles, was auf der Welt passiert, irgendwie mit Geld zu tun hat, durchschaut man nicht ganz leicht, wie es funktioniert. **Arbeiten deine Eltern auch viele Stunden täglich, um Geld zu verdienen?** Das tun nämlich die meisten Erwachsenen die meiste Zeit ihres Lebens. Und wenn du deine Eltern mal fragst, ob du neue Schuhe bekommst oder in den Freizeitpark darfst, sagen sie dann auch gerne: »Tut uns leid, dafür haben wir gerade kein Geld«?

Du selbst hast wahrscheinlich auch regelmäßig mit Geld zu tun. Du kaufst dir Süßigkeiten, bekommst es zum Geburtstag geschenkt oder sparst es, um dir zum Beispiel ein Skateboard zu kaufen …

Geld war das Geheimnis des karthagischen Marktes und vieler anderer großer Märkte in der Geschichte. Geld ermöglichte es einer großen Anzahl wildfremder Leute, miteinander klarzukommen, zusammenzuarbeiten und sich über den Preis von Waren zu einigen. Aber was genau ist Geld?

In verschiedenen Epochen und an verschiedenen Orten der Welt haben die Menschen unterschiedliche Arten von Geld erfunden. Aber all diese Geldarten beruhten auf demselben Prinzip: Man produziert etwas, das andere Menschen so unbedingt haben wollen, dass sie bereit sind, dafür Schuhe, Feigen oder Skateboards zu verkaufen. Als der Markt in Karthago gegründet wurde, verwendete man Edelmetallklumpen als Geld – Gold oder Silber zum Beispiel. Einige Jahrhunderte später kamen die Menschen in Ephesos und Umgebung auf die Idee, schöne Münzen aus diesen Metallklumpen zu prägen. Griechische Kaufleute wie Heraklit und sein Vater brachten diese Idee schließlich nach Karthago und die Karthager begannen ihre eigenen Münzen zu prägen.

In anderen Ländern hatte man andere Arten von Geld: In vielen Teilen Ostafrikas und Südasiens zum Beispiel benutzte man Kaurimuscheln. Das sind besonders hübsche Muscheln, die auf bestimmten Inseln und an den afrikanischen und asiatischen Küsten vorkommen. In diesen Gegenden konnten die Menschen Reis, Sojabohnen oder Schweine für Kaurimuscheln verkaufen. Oder sie gingen mit einem Sack voller Kaurimuscheln auf den Markt, um damit Schuhe, Töpfe, Haarschnitte und was sie sonst noch so brauchten zu kaufen.

In der Neuzeit kamen in den meisten Ländern bunte Papierscheine als Geld auf. Du hast in deinem Portemonnaie bestimmt auch ab und zu einen Geldschein, oder? Dabei besteht das meiste Geld heute gar nicht mehr aus Metallmünzen oder Papier – und erst recht nicht aus Muscheln. Weißt du, woraus?

Richtig: aus elektronischen Informationen in Computern. Ein heutiger Millionär wird seine Million kaum als Haufen aus hunderttausend 10-Euro-Scheinen oder einer Million 1-Euro-Münzen horten. Stattdessen ist in einer Datei auf einem großen Bank-Computer vermerkt, dass er tatsächlich eine Million Euro besitzt.

Und wenn man zum Beispiel Schuhe für 100 Euro kauft, überweist man einfach einen Teil seiner elektronischen Euro auf das Konto des Schuhladens. Das kann man per Kreditkarte machen oder mit ein paar Klicks auf dem Computer oder Smartphone. Und selbst wenn sich der Laden irgendwo weit weg befindet, vielleicht sogar im Ausland, erhält er den Betrag innerhalb weniger Sekunden. Nachdem das Geld überwiesen ist, zeigt die Datei im Bank-Computer an, dass man jetzt 100 Euro weniger hat, während in der Datei des Schuhladens 100 Euro hinzugefügt wurden. Heutzutage kaufen die Menschen Schuhe, Fahrräder, Häuser und sogar Raumschiffe vom anderen Ende der Welt und dabei wird einfach nur elektronisches Geld zwischen Computern hin und her geschoben.

All diese Formen des Geldes sind sehr nützlich, denn sie erleichtern den Kauf und Verkauf von Dingen, egal ob es sich um Schuhe oder Raumschiffe handelt. Anstatt einen Karren voller Feigen zum

Markt zu schieben, reicht es, wenn man ein kleines Portemonnaie mit Münzen und Banknoten oder sein Smartphone mit dem elektronischen Geld dabeihat. Obendrein sind Münzen, Banknoten und Kreditkarten mit elektronischem Geld sehr viel haltbarer. Sie verrotten lange nicht so schnell wie Feigen.

Aber das Wichtigste ist wahrscheinlich, dass Geld den Handel erleichtert – denn Geld wollen alle haben. Saponibal hatte Probleme die Schuhe mit Feigen zu bezahlen, weil Wen-Amun keine Feigen mochte. Wenn du einen Laden jedoch mit Geld betrittst, kann du sicher sein, dass es willkommen ist. Selbst bei einem schlecht gelaunten Schuhmacher.

Wir sind so sehr an Geld gewöhnt, dass wir es völlig selbstverständlich finden, dass alle, wirklich alle, es haben wollen. Dabei ist das eigentlich merkwürdig, denn kein anderes Tier würde sich auch nur im Traum für Geld interessieren! Wenn ein Elefant zwischen einer Feige, einem Koffer mit einer Million Euro und einer Truhe voller Goldmünzen wählen dürfte, würde er nicht eine

Sekunde zögern. Er würde sich die Feige schnappen. Warum also sind wir Menschen so scharf auf Geldscheine und Goldmünzen?

Das liegt an den Geschichten, die uns über das Geld erzählt werden. Darin heißt es, dass Geld einen bestimmten Wert hat ... und daran glauben wir. Geld ist nicht das Muschelgehäuse, das Gold oder das Papier, aus dem es besteht. Geld ist eine Geschichte. Wenn ein Kind zum ersten Mal in seinem Leben eine Münze oder einen Geldschein gezeigt bekommt, wird man ihm wahrscheinlich etwas in dieser Art erzählen: »Siehst du das hier? Das ist sehr wertvoll! Es ist 1.000 Feigen wert! Dafür muss man lange und hart arbeiten.« Und wenn das Kind diese Geschichte genauso glaubt wie alle anderen – dann werden die Münze oder der Geldschein wirklich wertvoll.

Geld ist die erfolgreichste Geschichte, die je erzählt wurde, denn es ist die einzige Geschichte, an die fast alle Menschen auf der Welt glauben. Nicht jeder glaubt, dass Drachenzähne zu Kriegern werden oder dass Zeus Ameisen in Menschen verwandeln kann. Aber jeder glaubt an Geld. Und jeder glaubt, dass man mit Geld Feigen in Elefanten verwandeln kann. Wenn man genug Feigen hat, kann man sie für Geld verkaufen und mit dem Geld dann einen Elefanten bezahlen.

Nicht die Goldmünzen selbst ermöglichten es den vielen Einheimischen und Fremden in Karthago, miteinander zu handeln – sondern die *Geschichte* über die Goldmünzen. Dank der Geldgeschichte konnten sich sogar Menschen, die bei allen anderen Geschichten uneins waren, darüber verständigen, wie viel ein Paar Schuhe oder ein Elefant kosten sollten. Solange sie alle das gleiche Geld verwendeten, konnten sie zusammenarbeiten und sich gegenseitig Feigen, Schuhe und Elefanten verkaufen.

Die Sprache des Geldes verstehen alle

Aber was genau machte die Geldgeschichte so überzeugend? Haben die Menschen an sie geglaubt, weil das erste Geld so hübsch aussah? Immerhin bestanden die alten Münzen aus funkelndem Gold und Silber und waren mit kunstvollen Götter- und Tempelmotiven verziert. **Auch auf heutigen Banknoten sind Götter, Tempel, berühmte Persönlichkeiten oder wichtige Gebäude abgebildet.** Alles in bunten Farben. Auf Münzen und Geldscheinen stehen außerdem kurze Texte, manchmal ein kleines Gedicht oder eine Sage über Könige und Götter. Auf den modernen amerikanischen Dollarnoten steht zum Beispiel auf Englisch »In God We Trust« (»Wir vertrauen auf Gott«) und auf Lateinisch »E pluribus unum« (»Aus vielen wird eins«). Was, glaubst du, soll das bedeuten? Es soll zeigen, dass die Geschichte über den Glauben an Gott und die über den Dollar sehr viele Menschen zu einem Land vereinigt: zu den Vereinigten Staaten.

Aber es gibt nicht nur Abbildungen, Gedichte und Sprüche auf Münzen und Scheinen, sondern auch Zahlen – viele davon beeindruckend lang. Auf dem elektronischen Geld, das heute vor allem benutzt wird, finden sich gar keine Götter mehr, sondern nur noch viele komplizierte Ziffern. **Sie sollen das Geld vertrauenswürdig machen.**

Hast du gerade ein paar Münzen oder Geldscheine zur Hand? Dann schau sie dir doch mal ganz genau an. Du wirst staunen, wie viele Bilder, Sprüche und Zahlen man auf so kleinem Raum unterbringen kann!

Aber das alles erklärt noch nicht, warum sogar Menschen, die sich völlig fremd und über nichts einig waren, in der Geldgeschichte zusammenkamen. Schließlich konnte nicht jeder auf dem karthagischen Markt die Sprüche auf den Münzen lesen: Sie waren auf Phönizisch geschrieben und nicht alle verstanden Phönizisch. Auch glaubten sie nicht alle an die Göttin Tanit, die auf vielen karthagischen Münzen abgebildet war. **Aber zum Glück konnte man auf dem Markt auch Münzen verwenden, die nicht karthagisch waren.** Zum Beispiel Münzen aus Athen, mit der Göttin Athene darauf. Oder römische Münzen, auf denen die Göttin Venus abgebildet war. Das Vertrauen ins Geld hing also nicht mit einer bestimmten Göttin zusammen. Aber womit dann?

Lass uns kurz zu Saponibal und Wen-Amun zurückkehren, denn dort finden wir die Antwort auf diese Frage.

Als Saponibal am nächsten Tag zum Markt ging, um ihre schönen neuen Schuhe abzuholen, fragte sie Wen-Amun: »Warum sind Sie so scharf auf diese Goldmünzen, dass Sie einen ganzen Tag lang arbeiten, nur um eine einzige davon zu bekommen? Mein Bruder und ich finden das komisch! Wir zerbrechen uns seit gestern den Kopf darüber, aber wir können es uns nicht erklären.«

»Als ich zum ersten Mal auf den Markt kam«, antwortete Wen-Amun, »ging's mir wie euch. Ich hab auch nicht verstanden, **warum die Leute so verrückt nach diesen Münzen waren.** Es war mir ein völliges Rätsel. Ich meine, die Münzen sind zwar ganz hübsch, aber essen und trinken kann man sie nicht, stimmt's?«

»Stimmt!«

»Auf ihnen sind wichtige Gottheiten abgebildet«, fuhr Wen-Amun fort, »die karthagische Göttin Tanit oder die griechische Göttin Athene zum Beispiel. Aber an die glaube ich gar nicht. Ich glaube an die ägyptischen Gottheiten Amun, Osiris und Isis. Die Leute auf dem Markt haben mir alle möglichen großartigen Geschichten über diese Münzen erzählt, aber ich hab fast nichts verstanden, weil ich damals kaum ein Wort Phönizisch sprach.«

»Und wie kam es, dass Sie die Münzen irgendwann dann doch mochten?«, fragte Saponibal.

»Nun, ich hab zwar nicht verstanden, was die Leute sagten, aber ich hab gesehen, was sie machten. Und mir ist aufgefallen, dass fast alle auf dem Markt diese Münzen unbedingt haben wollten. Ich hab Leute beobachtet, die Feigen für Münzen verkauften. Und andere, die riesige Wassermelonen für Münzen anboten. Oder Friseure, die für Münzen Haare schnitten, und Ärzte, die für Münzen Krankheiten heilten. Ich hab sogar zwei Kriminelle gesehen, die einen Mann ermordeten, nur um ein paar Münzen zu ergattern.«

»Bei Baal und Tanit!«, entfuhr es Saponibal.

»Ja, das war furchtbar«, sagte Wen-Amun. **»Aber es hat mir etwas Wichtiges klargemacht:** Auch wenn mir persönlich die Münzen egal sind – wenn ich welche habe, kann ich damit kaufen, was ich will! Stoffe von den indischen Händlern, Gewürze von den Arabern, Parfüm von den Griechinnen und vergorene

Fischsoße von den Karthagerinnen. Und seit ich das weiß, versuche ich so viel wie möglich von diesem Geld zu scheffeln.«

»Also muss ich gar nicht an das Geld glauben, um es benutzen zu können?«, überlegte Saponibal. »Ich muss nur daran glauben, dass *andere* Menschen dran glauben?«

Damit hatte Saponibal das große Geheimnis des Geldes verstanden: **Geld kann Menschen miteinander verbinden,** selbst wenn sie aus völlig unterschiedlichen Gegenden der Welt stammen und weder dieselbe Sprache sprechen noch an dieselben Götter glauben. Sobald du siehst, wie sehr andere Menschen hinter Geld her sind, möchtest du auch welches haben. Dabei kannst du mit dem Geld selbst eigentlich gar nichts anfangen. Doch wenn du welches hast, kannst du andere Leute dazu bringen, dir etwas zu geben oder etwas für dich zu tun. Eigentlich besteht Geld nicht aus Gold, Papier, Kaurimuscheln oder elektronischen Informationen – sondern aus Vertrauen. Solange man darauf vertraut, dass andere Menschen Geld haben wollen, vertraut man auch dem Geld.

Aber was würde passieren, wenn die Menschen irgendwann ihr Vertrauen ins Geld verlieren würden? Wenn Bauern sich weigern würden Feigen gegen Geld zu verkaufen, Schuster sich weigern würden Schuhe gegen Geld zu fertigen und Friseure sich weigern würden Haare gegen Geld zu schneiden? Dann würde das Geld auf einen Schlag seinen Wert verlieren und verschwinden.

Stell dir vor, du merkst morgen früh nach dem Aufwachen, dass die Menschen ihr Vertrauen ins Geld verloren haben. Dann wäre all dein Erspartes plötzlich futsch. Wertlos. Selbst mit einem Riesenhaufen Goldmünzen könntest du dir dann keine Schuhe mehr kaufen. Und auch wenn du eine Milliarde Euro auf dem Konto hättest – du würdest keine einzige Feige mehr dafür bekommen.

Die Gefahren des Geldes

Geld schaffte also Vertrauen zwischen den vielen Einheimischen und Fremden auf Karthagos Markt und ermöglichte es ihnen, Geschäfte zu machen. Auch heute sorgt Geld dafür, dass Menschen weltweit zusammenarbeiten können. Du verdankst es dem Geld, dass unbekannte Menschen in fernen Ländern, deren Sprache du nicht sprichst, bereitwillig etwas für dich tun: Lebensmittel anbauen, Bücher schreiben, in Filmen mitspielen oder neue Medikamente erfinden. Dank des Geldes können Menschen, egal wo auf der Welt sie leben, zusammenarbeiten. Sie müssen nicht an dieselbe Götter- oder Drachengeschichte glauben – sie müssen nur glauben, dass andere Menschen ebenfalls an Geld glauben.

Aber Geld kann auch gefährlich werden. Auf dem Markt in Karthago bekam man manchmal die Geschichte von König Midas zu hören, der von Geld geradezu besessen war. Er war König von Phrygien, ganz in der Nähe von Ephesos. Eines

Tages traf König Midas einen Zauberer, der ihm sagte, er könne ihm geben, was immer er sich wünschte. König Midas dachte eine Weile nach und sagte dann: »Hach, so eine schwere Entscheidung – ich will so vieles! Weißt du was? **Gib mir die Macht, alles, was ich berühre, in Gold zu verwandeln.** Dann kann ich so viele Goldmünzen prägen, wie ich will, und damit alles kaufen, was mein Herz begehrt.« Der Zauberer lachte und sagte: »Dein Wunsch ist erfüllt, König Midas. Du hast jetzt ein goldenes Händchen.«

Midas beschloss seine neue Macht sofort auszuprobieren. Er hob einen kleinen Stein auf, der noch in derselben Sekunde zu Gold wurde. Dann berührte er einen großen Baum und der Baum verwandelte sich von oben bis unten in massives Gold. **Der König war selig** und befahl seinen Dienern den Goldbaum zu fällen, ihn in die königliche Münzanstalt zu bringen und eine Million Goldmünzen daraus zu prägen.

»Für heute habe ich genug Geld gemacht«, sagte er zufrieden. »Jetzt lasst uns in den Palast zurückreiten und Mittag essen.« Er wollte sich gerade auf sein Pferd schwingen, doch als er es berührte, verwandelte es sich in Gold. Midas war ein wenig verdutzt. »Wie

schade!«, rief er, »das war mein Lieblingspferd. Na ja, macht nichts. Ich kann ja jetzt alle Pferde der Welt kaufen!«

Der König kehrte zu Fuß zum Palast zurück und bat um sein Mittagessen. Und weil er nach all dem Geldverdienen und dem langen Fußmarsch sehr hungrig war und die Köche noch in der Küche wirbelten, nahm er sich einen Apfel vom Tisch. Doch noch während er ihn zum Mund führte, verwandelte sich der Apfel in Gold, sodass sich König Midas beim Hineinbeißen einen Zahn rausbrach.

»Oh nein! **Was soll aus mir werden?** Wenn ich nicht essen kann, werde ich verhungern!« Der König rief seinen Leibarzt, damit er ihm eine Medizin zusammenbraute, aber versehentlich berührte Midas den Doktor – und augenblicklich verwandelte der sich in eine goldene Statue.

Vor Entsetzen schrie König Midas so laut, dass die Königin herbeieilte, um zu sehen, was passiert war. Schluchzend fiel Midas ihr um den Hals und erzählte ihr, was passiert war ... bis er merkte, dass sie kalt und völlig reglos war. **Der König hatte seine geliebte Frau in einen Goldklumpen verwandelt.**

Nun wurden alle im Palast panisch und flohen vor Midas, so schnell die Beine sie trugen. Die Diener, die Soldaten und sogar die Kinder des Königs rannten aus dem Palast, damit Midas sie bloß nicht anfasste. Der König selbst wurde wahnsinnig und stürzte sich aus dem Fenster in den Fluss, der unten vorbeifloss. In dem Moment, in dem er das Wasser berührte, verwandelte es sich in massives Gold und der König starb beim Aufprall auf die harte, glänzende Oberfläche. Erst da war sein Königreich von dem schrecklichen Vergoldungszauber erlöst.

Die Geschichte von König Midas ist nur eine Sage. Natürlich kann dir kein Zauberer der Welt die Macht verleihen, deine komplette

Umgebung in Gold zu verwandeln. Aber die Sage hat eine wichtige Botschaft: Wenn wir alles zu Geld machen wollen, um uns alles zu kaufen, worauf wir Lust haben, dann werden wir unglücklich und machen womöglich alles um uns herum kaputt. Denn Freunde und Liebe kann man nicht kaufen, stimmt's?

Es ist richtig: Geld hilft uns Menschen zusammenzuarbeiten, selbst wenn wir unterschiedliche Sprachen sprechen und an verschiedene Götter glauben. Aber wenn wir nur noch den Münzen und Banknoten vertrauen, dann werden unsere Herzen hart wie Goldklumpen – als hätte König Midas sie berührt. Und dann geben wir einem Mann, der hungert, womöglich kein Essen und einer Frau, die vor Kälte zittert, keine warme Kleidung, und wir verweigern einem kranken Mädchen die Medizin – nur weil sie arm sind und die Sachen nicht bezahlen können.

Aber Menschen sind zu noch schlimmeren Dingen bereit, wenn Geld sie gierig und hartherzig gemacht hat. Kriminelle rauben und töten, um an Geld zu kommen. Und Länder ziehen in den Krieg, um sich zu bereichern. Diese Erfahrung mussten auch die alten Karthager machen. Zwar hatte das Geld Karthago zur größten und reichsten Stadt der Welt aufsteigen lassen, aber der Reichtum zog nicht nur Händler von nah und fern an – sondern auch Feinde. Und so verwandelte sich der Markt, Treffpunkt so vieler unterschiedlicher Menschen, schließlich in ein Schlachtfeld. Hannibal hatte die Römer zu Recht gefürchtet: Die Wolfsmenschen kamen tatsächlich nach Karthago – mit einer gewaltigen Armee. Und die Legionäre hatten nicht vor Schuhe zu kaufen.

3
Die Nachfahren der Feinde

Von den Feinden lernen

Geschichtsbücher sind voll von Kriegen. Dasselbe gilt für Fantasyromane, in denen Zauberer zu ihren ganz speziellen Waffen greifen – magischen Elixieren und geheimen Beschwörungsformeln. **Auch in Spielen geht es oft um Krieg.** Manche Kinder verbringen viele Stunden pro Woche mit Kriegsspielen. Vielleicht hast du auch Spiele auf deinem Computer, in denen du als Kriegerin oder Krieger durch antike Königreiche reisen und Feinde mit dem Schwert ausschalten musst. Oder Spiele, die dich im Raumschiff durch die Galaxie schicken, zu Lasergefechten mit Außerirdischen.

Schon lange vor der Erfindung des Computers spielten Kinder mit Plastikpistolen, Holzschwertern oder Spielzeugsoldaten Krieg. Vor über tausend Jahren wurde in Indien das Schachspiel erfunden, bei dem zwei Armeen so lange gegeneinander kämpfen, bis einer der beiden Könige geschlagen ist. Das Spiel wurde später von den Persern übernommen. Das Wort »schachmatt« stammt vom persischen Begriff »shah mat«, was so viel bedeutet wie: »Der König ist tot.«

Aber natürlich gab es im Lauf der Geschichte auch jede Menge echte Kriege – und in denen wurde nicht nur gekämpft und getötet. **Nein, jeder Krieg brachte auch viele Begegnungen mit sich.** Denn wie auf dem Markt trafen auch in Kriegen Menschen aus verschiedenen Königreichen oder Ländern aufeinander. Und diese Begegnungen veränderten die Menschen. Sie sahen, welche Waffen ihre Feinde benutzten, und begannen ähnliche Waffen zu bauen. Sie sahen auch, was ihre Feinde aßen, welche Kleidung sie trugen, welche Spiele sie spielten und welche Götter sie verehrten. Und gelegentlich

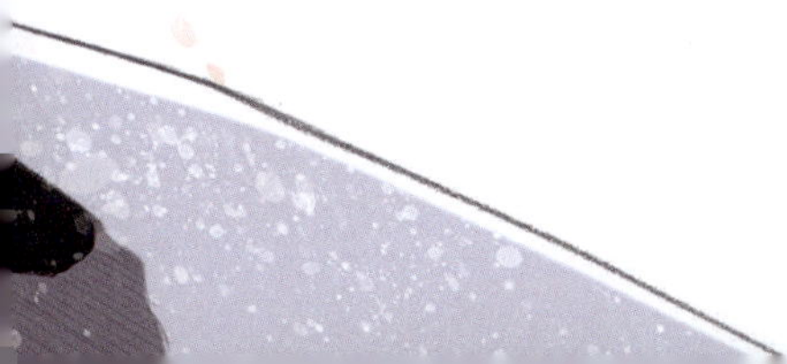

übernahmen sie auch diese Gewohnheiten. Es kam vor, dass Menschen die wichtigsten Dinge des Lebens von ihren schlimmsten Feinden lernten.

Die zwei Armeen, die sich in einer Schachpartie gegenüberstehen, lernen dagegen nichts voneinander. Sie kämpfen einfach nur so lange, bis eine Seite den gegnerischen König getötet hat. Damit endet das Spiel. Und wenn du in einem Computerspiel auf Außerirdische schießt, lernst du auch nichts von ihnen und sie nichts von dir. Du versuchst nur möglichst viele von ihnen zu töten, ehe sie dich töten. Hast du dich jemals gefragt, was mit den Außerirdischen passiert, wenn der Kampf vorbei ist? Oder was die besiegten Schachfiguren machen, nachdem ihr König gefallen ist?

Und was passiert im echten Leben, wenn sich Länder bekriegen? Um das zu verstehen, kehren wir noch einmal ins antike Karthago zurück – in die Zeit, als die römischen Legionen dort eintrafen.

Das Imperium rückt an

Karthago war an Kriege gewöhnt. Die Karthager hatten einen Hafen und einen Markt gebaut, um Händler aus fernen Regionen willkommen zu heißen. Aber sicherheitshalber hatten sie auch eine Mauer um ihre Stadt gezogen. Sie prägten Münzen aus Gold und Silber, aber sie gossen auch Schwerter aus Eisen. **Karthago zog Kaufleute aus weiter Ferne an – aber auch viele Feinde.**

Die Römer waren die schlimmsten Feinde Karthagos. Wahrscheinlich kennst du sie längst, oder? Sie haben eines der größten Reiche der Geschichte aufgebaut – das Römische Reich, auch Römisches Imperium genannt. Aber was ist eigentlich ein Imperium? Ein Imperium entsteht, wenn ein Volk viele fremde Völker erobert und sie unter seine Herrschaft zwingt. Die Römer eroberten Hunderte fremder Völker und zwangen sie ihre Befehle zu befolgen und jede Menge Steuern an Rom zu zahlen. Wenn die fremden Völker erst mal

Teil des Römischen Imperiums waren, begannen sie nach einer Weile Latein zu sprechen – das war die römische Sprache. **So kam es, dass Latein extrem wichtig wurde.** Sogar heute noch wird es in verschiedenen Ländern verwendet – für Sprüche auf Banknoten oder um Viren oder Menschen zu bezeichnen. Im Lateinischen bedeutet »virus« Gift und »homo«, der wissenschaftliche Name für den Menschen, ist einfach das lateinische Wort für Mensch.

Neben dem Römischen Reich gab es noch viele andere Reiche: ein chinesisches, ein arabisches, ein spanisches und ein britisches. Deshalb sprechen heute auch so viele Menschen auf der Welt chinesisch, arabisch, spanisch und englisch, die Sprache des Britischen Reiches. Ganz gleich wo du heute wohnst – einige deiner Vorfahren lebten wahrscheinlich in einem dieser Reiche.

Die Römer wollten auch Karthago zu ihrem Reich hinzufügen und führten deshalb mehrere Kriege gegen die Karthager. Im größten

dieser Kriege gewann der karthagische Feldherr Hannibal viele Schlachten und zog mit seiner Armee und seinen Kriegselefanten bis vor die Tore Roms ... Aber am Ende besiegten die Römer ihn doch. Und dann kehrte die römische Armee den Spieß um und näherte sich den Toren Karthagos.

Nach dem Sieg über Hannibal war Rom zwar viel stärker als Karthago, aber Karthago war immer noch eine große und reiche Stadt. Es verfügte über viele Soldaten, Zehntausende solider Eisenschwerter, Dutzende schlagkräftiger Kriegsschiffe und etwa 2.000 große Kriegsmaschinen. Diese Kriegsmaschinen hießen Katapulte und bestanden aus Eisen und Holz. Sie konnten große Steine Hunderte Meter weit schleudern und damit ganze Häuser und Schiffe zerstören.

Die Römer wussten, dass es schwierig werden würde, Karthago allein mit Gewalt zu erobern. Also überlegten sie sich einen Trick: Sie machten der Stadt ein Friedensangebot, unter der Bedingung, dass die Karthager zuerst alle Waffen abgaben. »Wozu braucht ihr noch Waffen, wenn wir Frieden haben?«, sagten die Römer.

Doch die Karthager waren skeptisch. Sie trauten den Römern nicht so recht. Andererseits hatten sie genug vom Krieg – und ihnen war klar, dass die Römer diesmal überlegen waren. Also nahmen sie das Friedensangebot an. Sie sammelten ihre Schwerter, Kriegsschiffe und Katapulte ein und zerstörten sie oder übergaben sie den Römern.

Nachdem alle Waffen aus dem Verkehr gezogen waren, sagten

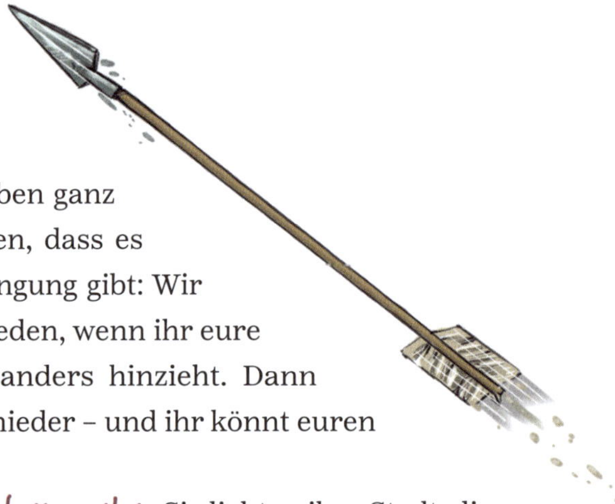

die Römer: »Oh, wir haben ganz vergessen euch zu sagen, dass es noch eine weitere Bedingung gibt: Wir schließen nur dann Frieden, wenn ihr eure Stadt verlasst und woanders hinzieht. Dann brennen wir Karthago nieder – und ihr könnt euren Frieden haben.«

Die Karthager waren fassungslos. Sie liebten ihre Stadt, die seit Jahrhunderten ihre Heimat war. Sie liebten die Straßen, in denen sie sich trafen und plauderten, die Plätze, auf denen sie schon als Kinder gespielt hatten, die Tempel, in denen sie zu Baal und Tanit beteten, die Strände, an denen sie Muscheln sammelten, und den bunten Markt, auf dem sie Schuhe und vergorene Fischsoße kauften. Das alles wollten sie nicht aufgeben.

Außerdem wussten die Karthager jetzt, dass die Römer Lügner waren. Selbst wenn sie ihre Stadt verließen, wie konnten sie darauf vertrauen, dass es danach wirklich Frieden gab? Vielleicht logen die Römer wieder? Vielleicht hatten sie längst geplant die Karthager nach dem Niederbrennen ihrer Stadt zu versklaven? Und da die Karthager nicht versklavt werden wollten, **beschlossen sie zu bleiben und zu kämpfen –** obwohl sie keine Schwerter, Katapulte und Kriegsschiffe mehr hatten.

Schnell brachten die Leute Töpfe und Pfannen aus ihren Küchen und schmolzen sie ein, um daraus Schwerter zu schmieden. Sie zerlegten ihre Stühle, Tische, Betten und Türen und bauten aus dem Holz neue Katapulte. Ja, sie rissen sogar ganze Häuser ab, um an lange, starke Balken für neue Schiffe zu kommen.

Allerdings benötigt man für den Bau von Schiffen und Katapulten nicht nur Holz, sondern auch elastische Seile. Wo sollten die Karthager Tauwerk auftreiben? Sie konnten ja schlecht lossegeln, um auf fremden Märkten welches zu kaufen. Dazu reichte die Zeit nicht. Also schnitten sich alle langhaarigen Bewohnerinnen und Bewohner – Männer, Frauen und Kinder – die Haare ab, um daraus Seile zu machen! Glatzen waren plötzlich extrem angesagt, sogar bei Mädchen wie Batbal und Saponibal und bei Frauen. Alle, die ein Schwert schwingen, ein Segel hissen oder ein Ruder halten konnten, schlossen sich der Armee oder der Marine an. So auch Saponibals Bruder Hannibal. Die Karthager waren wild entschlossen ihre geliebte Stadt zu verteidigen und den römischen Tyrannen eine Lektion zu erteilen.

Und wie, glaubst du, ist es ausgegangen? Leider nicht gut. Die Römer waren einfach zu stark. Ihr riesiges Heer unter dem Kommando von General Scipio besiegte die tapferen Karthager. Scipios Soldaten durchbrachen Karthagos Festungsmauern und strömten in die Stadt wie Wassermassen durch einen kaputten Damm. Sechs Tage lang zogen sie durch die Straßen, töteten jeden, den sie

sahen, und brannten alle Häuser nieder. Moderne Archäologen haben viele Spuren dieses schrecklichen Angriffs gefunden: bis auf die Grundmauern verkohlte Gebäude, große runde Steine, die von Katapulten geschleudert wurden, unzählige Pfeilspitzen und menschliche Skelette unter Trümmern.

Schließlich befahl Scipio seinen Soldaten das Töten zu beenden. Etwa 50.000 Überlebende wurden versklavt und nach Rom und anderswo verschifft. **Dort wurden sie für ein paar Goldmünzen verkauft.** So endeten Mädchen wie Saponibal, die glücklich und frei in ihren Dörfern gelebt hatten, als Sklavinnen in reichen römischen Familien.

Ein paar Karthager durften in den umliegenden Siedlungen weiterleben. Hoffen wir einfach, dass Saponibals Bruder Hannibal dazugehörte. Dass er in sein Dorf zurückkehren konnte und dass Batbal sich ihm anschloss. Beide waren bestimmt erschüttert über die Zerstörung Karthagos und über

Saponibals Schicksal. Aber eines Tages würde sich die Lage bessern, daran glaubten sie fest.

Doch bis dahin war das Leben im Dorf schwierig, denn die Dorfbewohner mussten sehr hohe Steuern an Rom zahlen. Und weil der Feldherr Scipio den Wiederaufbau Karthagos verboten hatte, blieb die Stadt ein Trümmerhaufen. Wo einst Hunderttausende von Menschen zu Hause gewesen waren, lebten jetzt nur noch Spinnen, Skorpione und Eidechsen.

Findest du dieses Ende auch ein bisschen frustrierend? Wir sind an Geschichten mit Happy End gewöhnt, stimmt's? Geschichten, in denen die Tyrannen und Lügner verlieren. Zwar sind die Fiesen in Actionfilmen und Büchern anfangs oft überlegen, sie lügen, betrügen und tricksen, aber dann kommt eine heldenhafte Gestalt daher, Spider-Man oder Wonder Woman, und am Ende gewinnen die Guten – gegen alle Erwartungen. Klar, am Anfang *müssen* es die Guten schwer haben, es wäre ja langweilig, wenn sie die ganze Zeit Erfolg hätten. Würde Spider-Man seinen Gegner in den ersten fünf Minuten erledigen, dann wäre das kein guter Film. Der Bösewicht muss Spider-Man erst austricksen, ihn vielleicht sogar gefangen nehmen und ins sicherste Gefängnis aller Zeiten werfen, damit Spider-Man einen geheimen Ausweg finden oder Wonder Woman ihm zu Hilfe eilen kann. **Erst im allerletzten Moment dürfen sie das Böse besiegen.** In Filmen ist das fast immer so. Im wirklichen Leben leider nicht. Dort gewinnen manchmal die Schurken.

Auf der Gladiatorenschule

Die Römer besiegten nicht nur die Karthager, sondern auch die Griechen, die Juden, die Ägypter, die Briten und Hunderte sonstiger Völker. Neben Karthago brannten sie viele andere Städte nieder und machten unzählige Menschen zu Sklaven oder Dienerinnen. **Auf diese Weise bauten sie das Römische Imperium auf.** In vielen Gegenden erzählte man sich Schauergeschichten über die Römer, aber natürlich nur hinter vorgehalter Hand, denn wenn die Römer das mitbekamen, hagelte es Strafen.

Wir kehren noch einmal kurz zu Saponibal zurück. Denn auch sie tuschelte über ihre schrecklichen Erfahrungen, wenn sie anderen versklavten Kindern begegnete.

»Als die Römer Karthago zerstörten«, erzählte sie, »haben sie mich als Sklavin nach Rom verschifft. Dort hat mich ein reicher Römer auf dem Markt gekauft. **Für 100 Goldmünzen!** Ich muss alles tun, was er sagt. Jeden Tag stehe ich weit vor Sonnenaufgang auf und mache Frühstück für seine Familie. Wenn ich Glück habe, lassen sie mich die Reste essen. Dann muss ich das Geschirr spülen, den Boden schrubben, die Wäsche machen und Wasser vom Brunnen holen. Den ganzen Tag bin ich nur am Rennen, Waschen und Putzen. Sobald ich mich mal kurz ausruhe, schlagen sie mich. Weit nach Sonnenuntergang, wenn alle längst in ihren Betten schnarchen, muss ich der Familie saubere Kleidung für den nächsten Tag rauslegen. Wenn ich dann endlich fertig bin, darf ich mich in meinen schmutzigen Kleidern auf den Boden legen, neben den großen stinkenden

Familienhund. Natürlich zahlen sie mir nichts für die Schufterei. Ich bin ja ihre Sklavin.«

»Mich haben die Römer auch gefangen genommen und versklavt«, erzählte ein jüdischer Junge. »Ich muss jetzt in einer Goldmine arbeiten. Jeden Morgen schicken sie mich runter in einen Tunnel, der tief in einen riesigen Berg gehauen ist. Dort gibt's kein Licht und kaum Luft. Ich grabe den ganzen Tag nach Gold. Wenn ich abends rauskomme, ist es schon dunkel. Die Römer geben mir verschimmeltes Brot zu essen und nehmen mir alles ab, was ich an Gold gefunden habe. Sie prägen Münzen damit, aber für mich gibt's natürlich nichts. Sie werden durch Faulenzen reich und ich bleibe arm, obwohl ich von früh bis spät schufte.«

Als Nächstes berichtete ein griechischer Junge, wie die Römer seine Stadt niedergebrannt, ihn aus seiner Familie gerissen und an eine Gladiatorenschule verkauft haben. »Die Römer lieben Gladiatorenkämpfe – aber nur von den Zuschauerbänken aus. Sie selbst wollen ihr Leben natürlich nicht riskieren. Also fangen sie einfach überall in der Welt Menschen ein und machen aus ihnen Gladiatoren! In der Gladiatorenschule lernen wir mit Schwertern und Speeren zu kämpfen. Dann bringen sie uns in die große Arena und lassen uns gegen Löwen oder Bären antreten. Ein einziger Albtraum! Mit meinem Minischwert muss ich gegen riesige Raubtiere kämpfen, während das römische Publikum johlt, futtert und sich prächtig amüsiert. Vor einem Monat wurde einer meiner besten Freunde von einem Bären getötet – und die Römer konnten sich kaum halten vor Lachen! Aber am schlimmsten ist es, wenn sie dich zwingen gegen einen deiner Freunde aus der Gladiatorenschule zu kämpfen. Wenn du dich weigerst, bringen sie dich um – zusammen mit deinem Freund.«

Wir dürfen das – aber ihr nicht

Wie die meisten Menschen wirst du jetzt wahrscheinlich denken, dass Imperien unfair sind. Denn wer lässt sich schon gerne von einer Horde Fremder zwingen deren stinkende Unterwäsche zu waschen oder gegen die eigenen Freunde zu kämpfen? **Wir Menschen lieben unsere Freiheit.** Und selbst wenn ein Volk sehr groß und mächtig ist – es ist absolut ungerecht, wenn es schwächere Völker überfällt, ihre Städte zerstört und die Bevölkerung versklavt.

Wir Menschen sind uns also ziemlich einig, dass Imperien ungerecht sind – mit einer Ausnahme: Wenn unser eigenes Volk so stark ist, dass es sich nach und nach ein Imperium zusammenerobert, dann finden wir das meist völlig in Ordnung. Wir mögen es nicht, wenn Fremde uns sagen, was wir tun sollen, aber wir haben kein Problem damit, ihnen zu sagen, was sie tun sollen. Das ist wie in der Schule, wenn sich ein Kind beschwert, dass es geärgert wird – obwohl es selbst gerne stänkert.

Und so war es auch bei den Karthagern: Sie hassten das Römische Reich und taten nicht gern, was die Römer ihnen befahlen. Doch bevor sie von den Römern erobert wurden, herrschten die Karthager über ihr eigenes Reich – und als Herrscher verhielten sie sich gegenüber anderen Völkern genauso grausam wie die Römer. Die Gegend, in der die phönizischen Siedler Karthago erbaut hatten, gehörte vorher numidischen Stämmen. Du erinnerst dich an Königin Elissa, die sich das Land sicherte, indem sie den numidischen

König Jarbas austrickste? Nun, das ist eine Legende, sie ist nur erfunden. In Wirklichkeit nahmen die phönizischen Siedler das Land wahrscheinlich gewaltsam ein.

Anschließend eroberten die Karthager viele benachbarte Gebiete von verschiedenen nordafrikanischen Völkern. Auch weiter entfernte Inseln wie Sizilien, Sardinien oder Korsika besetzten sie. Und ihr berühmter Feldherr Hannibal unterwarf sogar Teile Spaniens. Er und andere karthagische Feldherren zerstörten viele Städte und versklavten viele Menschen, so wie die Römer später Karthago zerstörten und die Karthager versklavten.

Auch die Griechen hatten große Herrschaftsgebiete, bevor sie von den Römern erobert wurden. Der griechische Herrscher Alexander der Große führte zahlreiche Kriege, zerstörte viele Städte und errichtete ein Imperium, das sich von Griechenland bis nach Indien erstreckte. In Indien sahen die Griechen, dass das Heer Kriegselefanten benutzte. Sie ahmten die Idee nach und später guckten sich die Karthager und die Römer die Idee von den Griechen ab.

Auch die Juden hatten ein Imperium oder zumindest glaubten sie das gerne. Voller Stolz erzählten sie sich, dass in Kanaan viele andere Völker lebten, als sie dort einmarschierten – die Kanaaniter und Amoriter zum Beispiel. Doch die Juden bezwangen sie, töteten oder versklavten viele von ihnen, nahmen Städte ein oder brannten sie nieder. **Besonders stolz waren die Juden auf die Eroberung Jerusalems.** Immer wieder erzählten sie sich, wie König David, der größte aller jüdischen Könige, die berühmte Stadt einnahm, ihre Bewohner tötete oder versklavte und Jerusalem zur Hauptstadt des jüdischen Reiches machte. Später rückten dann die Römer an und nahmen den Juden Jerusalem weg. Sie töteten viele von ihnen und versklavten andere. Daraufhin prangerten die Juden diese Ungerechtigkeit an und beschwerten sich über die Grausamkeit

der Römer. Um sich Mut zu machen, erzählten sie sich Geschichten über die wundervollen Zeiten, als sie selbst noch ein mächtiges Königreich hatten. »Auch wir hatten mal ein schönes Reich! **Der große König David hat viele Kriege gewonnen,** fremde Städte niedergebrannt und deren Bewohnerinnen und Bewohner versklavt. Lasst uns beten, dass eines Tages ein neuer David kommt, mit dem wir wieder Kriege gewinnen und ein Reich haben werden!«

Einige weise Juden meinten, dies sei das falsche Gebet, denn eigentlich sollte man dafür beten, dass es *keine* Kriege und *keine* Reiche mehr gibt – weder ein römisches noch ein jüdisches. Diese weisen Juden sagten: »Wenn ihr selbst nicht erobert und versklavt werden mögt, warum wollt ihr es dann anderen Menschen antun?« Weise Menschen in Griechenland, Indien, China und auch im Rest der Welt hatten die gleiche Idee. Und sie ist ja auch ganz einfach: **Was du selbst nicht erleiden möchtest, das tue auch anderen nicht an.**

Klingt einleuchtend, oder? Aber jahrtausendelang waren die meisten Menschen auf der Welt leider nicht sehr weise – und deshalb hielten sie auch nichts von diesem Gedanken. Sie weinten, wenn sie erobert wurden, platzten aber vor Stolz, wenn ihnen selbst eine Eroberung gelang. Erst in jüngerer Zeit sind die meisten Menschen zu der Einsicht gekommen, dass *alle* Imperien schlecht sind. Dass man auf das Erobern fremder Länder und das Unterdrücken anderer Völker nicht stolz sein kann. Selbst dann nicht, wenn es das eigene Volk ist, das sich ein Imperium aufbaut. **Imperien sind unfair, egal ob es fremde sind oder ob es das eigene Imperium ist.**

Römisch werden

Aber Geschichte ist kompliziert. Warum? Weil viele Völker, die von Imperien geschluckt wurden, irgendwann anfingen diese Imperien zu mögen. Nehmen wir zum Beispiel die Karthager: Nachdem sie von den Römern erobert wurden, fanden viele Karthagerinnen und Karthager das Römische Reich plötzlich ganz in Ordnung. Ja, sie begannen sogar sich selbst als »römisch« zu bezeichnen.

Wie kann so etwas passieren? Wenn dich in der Schule jemand ärgert, verprügelt oder beklaut, könntest du dir vorstellen ihn oder sie am nächsten Tag zu mögen? Eher nicht, oder? Doch wenn genug Zeit vergeht, kann Erstaunliches passieren. **Die Zeit ist wie ein mächtiger Zauberer,** der fast alles verwandeln kann. Die Zeit kann Liebe in Hass verwandeln. Und Hass in Liebe. Sie kann Menschen dazu bringen, ihre wichtigsten Erinnerungen zu vergessen und sich stattdessen an Dinge zu erinnern, die gar nicht passiert sind. Wenn genug Zeit vergeht, können Menschen ihre Sprache, ihre Götter und ihre Lieblingsspiele vergessen und stattdessen die Sprache, die Götter und die Spiele des Imperiums annehmen, das sie erobert hat. Und genau das ist bei den Karthagern passiert.

Nachdem General Scipio Karthago zerstört hatte, blieb die Stadt ein Trümmerhaufen, in dem hundert Jahre lang nur Spinnen und Skorpione hausten. Dann beschloss ein anderer römischer Feldherr **– er hieß Julius Cäsar –** die Stadt wieder aufzubauen. Er ordnete an die Ruinen zu beseitigen, Häuser und Tempel zu bauen und einen Hafen anzulegen. Skorpione und Spinnen mussten das Feld räumen und ärmere Römerinnen und Römer, die in Rom kein eigenes Land besaßen, zogen hin. Jetzt durften auch die Karthagerinnen und Karthager, die in die benachbarten Dörfer umgesiedelt worden waren, ins neue Karthago zurückkehren. Und, wer weiß, vielleicht hat irgendeines von Hannibals und Batbals Enkelkindern genau das getan?

Dann wurde Julius Caesar ermordet und sein Großneffe Augustus wurde Herrscher des Römischen Reiches. Er nannte sich nach seinem Großonkel jetzt »Caesar« – »Kaiser«. Augustus baute Karthago weiter auf **und in der neuen Stadt wurden Römerinnen und Karthager zu Nachbarn.** Sie benutzten dieselben Straßen, kauften in denselben Geschäften ein und beteten sogar in denselben Tempeln. Ihre Kinder spielten manchmal zusammen auf den Plätzen und sammelten gemeinsam Muscheln an den Stränden. Hin und wieder verliebten sich ein römisches Mädchen und ein karthagischer Junge ineinander, heirateten und bekamen Kinder. Karthago wuchs und nach weiteren hundert Jahren war die Stadt wieder eine der größten der Welt. Mittlerweile konnte man kaum noch unterscheiden, wer karthagisch und wer römisch war. Viele Menschen hatten einen Großelternteil aus Karthago und einen anderen aus Rom.

Die Karthager lernten die Sprache der Römer zu sprechen: Latein. **Latein war viel nützlicher als Phönizisch,** weil es im gesamten Römischen Reich gesprochen wurde. Wenn du heute Englisch lernst, kannst du dich ja auch nicht nur mit Engländern, sondern auch mit Kanadierinnen, Griechen, Brasilianerinnen und Nigerianern unterhalten. Und genauso konnte man sich damals auf Latein nicht nur mit Römern, sondern auch mit vielen anderen Völkern verständigen, mit den Iberern und Briten zum Beispiel.

Die Karthager fanden sogar Gefallen an einigen römischen Freizeitaktivitäten. Gladiatorenkämpfe mochten sie nicht besonders, aber sie liebten das Theater. Die Römer waren nämlich große Theaterfans und deshalb hatten sie in Karthago, als sie es wieder aufbauten, ein Theater errichtet. Darin führten Schauspieler, die extra aus Rom geholt wurden, besonders beliebte Stücke auf. In

Scharen strömten Römerinnen und Römer, Karthagerinnen und Karthager in die Aufführungen. Gemeinsam sahen sie sich Tragödien an und weinten, wenn Kinder von ihren Müttern getrennt wurden. Gemeinsam besuchten sie Dramen und applaudierten, wenn die Guten die Bösen besiegten. Und gemeinsam hockten sie in Komödien und grölten vor Lachen, wenn jemand auf der Bühne pupste.

Und so wurden die Karthager den Römern immer ähnlicher. Aber auch die Römer lernten viel von den Völkern, die sie eroberten. Eine Sache, die sie auf diese Weise kennenlernten, war das Theater. Moment, hieß es nicht gerade, dass die Römer große Theaterfans waren und das Theater nach Karthago gebracht hatten? Ja, stimmt schon. Aber trotzdem wurde das Theater nicht in Rom erfunden. Die Römer waren gut im Kämpfen, nicht im Theaterspielen. Es waren die Griechen, die das Theater erfunden hatten. Aber als die Römer griechische Städte wie Athen und Ephesos eroberten und sahen, wie viel Spaß die Griechinnen und Griechen in ihren Theatern hatten, bauten sie sich in Rom auch schnell eins. Sie heuerten griechische Schauspielerinnen und sogar griechische Schriftsteller an und ließen sich von ihnen Stücke schreiben. Die Menschen in Rom scherzten, dass die Griechen Rom mit ihrem Theater eroberten – nachdem Rom die Griechen mit dem Schwert erobert hatte!

Das Theater wurde immer beliebter im Römischen Reich und gelangte schließlich nach Karthago. Übrigens standen nicht nur Griechinnen und Römer auf der Bühne und schrieben Stücke. Einer der besten Stückeschreiber des Römischen Reiches kam aus Karthago! Wir kennen

seinen Geburtsnamen nicht, aber wir wissen, dass seine Mutter eine Sklavin war. Als Junge wurde er an einen reichen Römer namens Terentius Lucanus verkauft und seitdem hörte er auf den Namen »Sklave des Terentius Lucanus« – abgekürzt Terenz.

Terenz war so schlau und lernte so perfekt Latein, dass sein Herr ihn freiließ. Schon als Jugendlicher war Terenz vom Theater fasziniert. Vielleicht gefiel es ihm deshalb so gut, weil auf der Bühne selbst Sklaven für kurze Zeit in die Rolle eines Königs schlüpfen konnten. Schließlich begann Terenz selber zu schreiben. Seine Stücke wurden in vielen Städten aufgeführt, sogar in Rom. Seine erfolgreichsten Stücke hatten eines gemeinsam: **Die Hauptfigur war ein armes oder versklavtes Kind,** das erfährt, dass es aus einer reichen, mächtigen Familie stammt. In dem Stück »Das Mädchen von Andros« zum Beispiel stellt sich heraus, dass die bettelarme Glycerium Tochter eines reichen Athener Adligen ist. Sie wird als Kind von ihrem Vater getrennt und entdeckt ihre wahre Herkunft erst als Erwachsene. Kein Wunder, dass sich der ehemalige karthagische Sklave Terenz so gerne Geschichten über arme Kinder ausdachte, die plötzlich ihre wahre, glückliche Herkunft entdecken, oder?

Und kein Wunder, dass viele Menschen diese Geschichten so gerne auf der Bühne sahen. Sie wurden jahrhundertelang aufgeführt und halfen Generationen von Schülerinnen und Schülern beim Lateinlernen, weil sie so perfekt formuliert waren. Auch heute noch träumen Leute davon, dass sich ihr Leben wie in einem Theaterstück von Terenz entwickelt und sie sich als verlorenes Kind irgendeines Milliardärs- oder Königspaares entpuppen. Und deshalb werden die Stücke dieses karthagischen Sklaven immer noch gespielt.

Alle sind Römer!

Terenz war nicht der einzige Karthager, der in Rom groß herauskam. Etwa 350 Jahre nach der Zerstörung Karthagos tat ein Karthager namens Septimius Severus etwas, das Hannibal, Batbal und Saponibal sehr erstaunt hätte. Und auch die Römer waren verblüfft. Was machte er? Lauschen wir dazu dem Gespräch von zwei römischen Mädchen, die wir uns ausgedacht haben.

»Weißt du schon das Neueste?«, fragte die Römerin Cassia.

»Nein«, sagte Herodias, ihre Freundin. »Was ist los?«

»Ein Karthager ist gerade Kaiser von Rom geworden!«

»Was?!«, rief Herodias. »Wie kann das sein?«

»Nun, seit der letzte Kaiser ermordet wurde, streiten verschiedene Generäle der römischen Armee darüber, wer sein Nachfolger werden soll. Und eben hab ich gehört, dass Septimius Severus sich durchgesetzt hat. Er ist jetzt Kaiser.«

»Und woher kommt dieser Septimius?«, fragte Herodias.

»Seine Mutter stammt aus einer römischen Familie und sein ...«

»Ah, dann ist er also doch Römer! Hast du nicht gerade gesagt, er ist Karthager?«

»Lass mich ausreden! Seine Mutter ist Römerin, aber die Familie seines Vaters ist karthagisch. Ich hab gehört, dass Septimius zu Hause phönizisch gesprochen und erst in der Schule Latein gelernt hat! Dann trat er in die römische Armee ein und stieg zum General auf.«

»Unglaublich!« Herodias schnappte nach Luft. »Dieser Karthager wurde also ein römischer Feldherr, genau wie Scipio und Caesar, und jetzt ist er unser Kaiser ... Bei Jupiter und Mars, wie schnell sich doch alles verändert!«

Das war wirklich eine Sensation. Fast so, als hätte in einer Schachpartie die schwarze Armee die weiße Armee besiegt und den weißen König getötet – und plötzlich arbeitet sich ein weißer Bauer irgendwie an die Spitze hoch und wird zum neuen schwarzen König.

Einige Jahre später trafen sich Cassia und Herodias wieder und diesmal hatte Herodias verblüffende Neuigkeiten.

»Weißt du schon das Neueste?«, fragte sie.

»Nein«, sagte Cassia. »Was ist los?«

»Nun, du weißt bestimmt, dass nach Septimius Severus' Tod sein Sohn Caracalla zum Kaiser ernannt wurde und …«

»Wer weiß das nicht?«, unterbrach Cassia sie. »Ist doch schon ein Jahr her! Ein alter Hut.«

»Lass mich doch ausreden! Denn du weißt garantiert nicht, was Caracalla gerade getan hat! Er hat allen im Reich das römische Bürgerrecht verliehen! Außer Sklaven natürlich. **Das heißt, jeder freie Mensch im Römischen Reich ist jetzt Römer!«**

Cassia war fassungslos. »Du meinst, die Griechen sind jetzt Römer? Und die Juden ebenfalls?«

»Genau.« Herodias nickte. »Und die Karthager auch.«

»Da soll noch jemand durchblicken«, sagte Cassia. »Bei Jupiter und Mars, wie schnell sich doch alles verändert!«

Ein Junge wird Kaiser

Viele Menschen im Römischen Reich freuten sich, dass Kaiser Caracalla sie zu Römern gemacht hatte. Aber ein Mann war nicht gut auf Caracalla zu sprechen: Er hieß Macrinus und war Kommandant von Caracallas Leibwache. **Macrinus wollte nämlich selbst gerne Kaiser werden,** vermuteten einige damalige Historiker. »Warum«, dachte sich Macrinus, »soll ich mich damit begnügen, als Caracallas Bodyguard ein paar lumpige Goldmünzen zu verdienen, wenn ich ihn genauso gut umbringen und selbst Kaiser werden kann? Dann hätte ich das Gold des gesamten Reiches für mich …«

Als Caracalla eines Tages auf Reisen war und seine Unterhose herunterzog, um sich hinter einem Busch zu erleichtern, schickte Macrinus jemanden los, der sich auf ihn stürzte und ihn tötete. Als Macrinus dann Kaiser wurde, bekam er tatsächlich das Gold des ganzen Reiches – **aber auch jede Menge Sorgen.** Er wusste, dass es viele Leute gab, die ihn loswerden und selbst Kaiser sein wollten. Er lebte in ständiger Panik, dass irgendein General oder Leibwächter ihn ermorden könnte – zum Beispiel, wenn er auf der Toilette war. Und er wusste nicht, ob es ihn schützen oder noch mehr gefährden würde, wenn er zusätzliche Leibwächter einstellte. »Ich kann so viele Leibwächter bezahlen, wie ich will«, dachte er, »aber wer beschützt mich dann vor all den Leibwächtern?«

Es muss eine große Überraschung für Macrinus gewesen sein, dass er den Thron schließlich nicht an einen General oder einen

Leibwächter verlor, sondern an einen 14-jährigen Jungen. Dieser Junge hieß Varius und lebte in der kleinen Stadt Emesa in Phönizien. Das war die Gegend, aus der auch die ersten Siedlerinnen und Siedler Karthagos stammten. Aber nicht nur Macrinus dürfte überrascht gewesen sein, sondern alle, die davon erfuhren.

»Weißt du schon das Neueste?«, rief Cassia.

»Was denn jetzt schon wieder?«, seufzte Herodias.

»Wir haben einen neuen Kaiser – einen 14-jährigen Jungen namens Varius aus Phönizien!«

»Wie bitte? Schon wieder ein neuer? Wieso denn das? Ich dachte, Macrinus wäre Kaiser. Es ist doch noch nicht mal ein Jahr her, dass er Caracalla getötet hat. Und jetzt sitzt ein 14-Jähriger auf dem Thron? Das soll wohl ein Witz sein!«

»Dieser Varius«, erklärte Cassia, »hat das Gerücht gestreut, dass er Caracallas verlorener Sohn ist und dass *er* deshalb Kaiser sein sollte – nicht Macrinus. Aber nach dem, was man sich so erzählt, hat nicht Varius diese Geschichte erfunden, sondern seine Großmutter, Julia Maesa. Sie wollte wohl unbedingt einen kaiserlichen Enkel haben.«

»Ist Varius denn wirklich Caracallas Sohn?«, fragte Herodias.

»Woher soll ich das wissen?«, antwortete Cassia. »Viele Leute scheinen es jedenfalls zu glauben.«

»Hm, möglich wäre es«, grübelte Herodias. »Letzte Woche habe ich ein Theaterstück von Terenz gesehen – über einen armen Jungen, der plötzlich entdeckt hat, dass sein Vater ein ganz hohes Tier ist. Wenn es so was auf der Bühne gibt, warum dann nicht auch im richtigen Leben?«

»Wie auch immer«, fuhr Cassia fort, »als Macrinus davon erfuhr, schickte er seine Soldaten, um Julia Maesa und Varius zu töten. Das Problem war nur, dass viele seiner Soldaten die Geschichte des Jungen glaubten.«

»Vielleicht waren sie Theaterfans und hatten eine Schwäche für Stücke über verlorene Kinder, die ihre wahren Eltern wiederfinden?«, sagte Herodias.

»Kann sein«, stimmte Cassia zu. »Jedenfalls gab es eine große Schlacht. Die Soldaten, die auf Varius' Seite waren, haben die Soldaten besiegt, die Macrinus unterstützten. Und dann haben sie Macrinus getötet und Varius zum neuen Kaiser gemacht.«

»Und du sagst, dieser Varius ist Phönizier?«

»Er kommt wohl aus der Gegend«, erklärte Cassia. »Doch ein Teil seiner Familie soll arabisch sein. Aber ist das wichtig? Die Araber sind doch jetzt auch Römer.«

»Bei Jupiter und Mars!«, rief Herodias. »Wie schnell sich doch alles wandelt!«

Des Kaisers nächste Heirat

Nun waren also nicht nur alle Menschen, die im Römischen Reich lebten, römisch, sie konnten auch fast alle Kaiser von Rom werden, sogar ein 14-jähriger Junge aus Phönizien mit arabischen Wurzeln. Doch schon bald musste Varius feststellen, dass es kein reines Vergnügen war, Kaiser zu sein. Seine Großmutter Julia Maesa saß ihm ständig wegen allem Möglichen im Nacken: Er sollte sich stundenlange Reden von Politikern anhören, Briefe von Statthaltern beantworten und peinlich genau berechnen, wie viele Steuern die Leute zahlen und wie viel Geld die Soldaten und Leibwächter erhalten sollten. Julia Maesa war der Meinung, dass all dies zu den Aufgaben eines Kaisers gehörte. **Aber Varius hatte andere Vorstellungen.** »Was bringt es, der mächtigste Mensch der Welt zu sein«, dachte er, »wenn man keinen Spaß haben darf?«

»Weißt du schon das Neueste?«, rief Herodias Cassia zu.

»Ja!« Cassia grinste. »Ich hab gehört, dass Kaiser Varius nicht mehr in den Senat geht, um sich die endlosen Politikerreden anzuhören. Stattdessen fährt er Wagenrennen! Und organisiert jede Menge wilde Partys!«

»Und ich hab gehört«, sagte Herodias, »dass er heiraten will.«

»Schon wieder?!«, staunte Cassia. **»Der Junge scheint Hochzeiten zu lieben.** Die wievielte ist es?«

»Nun, seine erste Frau war Julia Cornelia Paula.« Herodias nahm ihre Finger zum Zählen. »Dann hat er sich von ihr scheiden lassen und Julia Aquilia geheiratet. Von ihr hat er sich auch scheiden lassen, um Annia Aurelia zu heiraten. Und nachdem auch die Ehe am Ende war, hat er wieder Julia Aquilia geheiratet.«

»Macht das nun vier Ehefrauen – oder nur drei?«, fragte Cassia.

»Keine Ahnung. Aber es kommen ja auch noch ein paar Ehemänner hinzu!«, sagte Herodias.

»Oh, stimmt, die hätte ich fast vergessen!« Wieder grinste Cassia. **»Dabei war es einen Monat lang das Stadtgespräch!** Kaiser Varius soll bei einem Wagenrennen gewesen sein, als ein Wagenlenker namens Hierokles mit seinem Wagen umgekippt und direkt vor den Sitzplatz des Kaisers geflogen ist. Dabei fiel Hierokles' Helm ab und der Kaiser war so beeindruckt von seinem schönen blonden Haar, dass er sich auf der Stelle in ihn verliebte. Wenig später haben sie geheiratet.«

»Doch dann hat er ihn verlassen, um Zoticus zu heiraten, diesen griechischen Athleten aus der Nähe von Ephesos«, sagte Herodias.

»Mit Hierokles ist er aber verheiratet geblieben, glaube ich.« Cassia schüttelte den Kopf. »Und natürlich mit Julia Aquilia. Verrückt. Dabei ist er erst achtzehn – und schon so viele Ehen! Ich hab übrigens gehört, dass er seit Neuestem nicht mehr Kaiser genannt werden will. **Sondern Kaiserin.«**

»Was?« Ungläubig riss Herodias die Augen auf.

»Als kürzlich jemand vor ihm salutierte und sagte: ›Verehrter Herr Kaiser!‹, soll Varius geschnauzt haben: ›Ich bin kein Herr. Ich bin eine Dame.‹«

»Bei Jupiter und Mars!«, keuchte Herodias. »Wie schnell sich doch alles verändert!«

So verbrachte Varius seine Zeit mit Wagenrennen, Partys und Hochzeiten, anstatt sich langweilige Reden anzuhören und langweilige Briefe zu lesen, wie seine Großmutter es ihm riet. Entsprechend genervt war Julia Maesa. Sie kam zu dem Schluss, dass sie wohl auf den falschen Enkel gesetzt hatte. Sie bezahlte den Leibwächtern einen Haufen Geld, um Varius loszuwerden, und erzählte den Leuten, dass ein anderer ihrer Enkel – ein gewisser Alexander – ebenfalls ein verlorener Sohn Caracallas war. **Und so wurde Alexander neuer Kaiser.** Er war damals etwa 13 Jahre alt und anders als Varius tat er immer genau das, was seine Großmutter von ihm verlangte. Er wusste, dass man sich besser nicht mit Julia Maesa anlegte – nicht einmal als Kaiser von Rom.

Ein neuer Gott

Als Julia Maesa und ihre Enkel von Emesa nach Rom zogen, um das Imperium zu regieren, hatten sie etwas im Gepäck – einen Gott namens Elagabal. Elagabal war der Hauptgott von Emesa: der Gott der Sonne. Mitten in der Stadt stand ein großer Tempel mit einem schwarzen Stein, von dem es hieß, er stamme direkt vom Himmel. Und, wer weiß, vielleicht war der Brocken ja tatsächlich ein herabgestürzter Meteorit? Der jugendliche Kaiser Varius brachte den schwarzen Stein jedenfalls mit nach Rom, errichtete dem Sonnengott dort einen neuen Tempel und erzählte den Römerinnen und Römern viele Geschichten über Elagabal. Er ließ sogar Münzen prägen, auf denen der heilige schwarze Stein abgebildet war. Die meisten Römerinnen und Römer hatten noch nie von Elagabal gehört, aber sie waren an das Auftauchen neuer Götter gewöhnt. Denn wenn die Leute innerhalb des riesigen Reiches umzogen, nahmen sie ihre Götter oft mit an ihren neuen Wohnort.

Zu Scipios Lebzeiten glaubten die Römer an die Gottheiten Jupiter, Mars und Venus. Und die Griechen an Artemis, Zeus und Athene. Die Karthager wiederum verehrten Baal, Tanit, den Heilgott Eschmun und weitere Gottheiten. Die übrigen Stämme und Völker des Römischen Reiches hatten wieder andere Götter. Aber nachdem all diese Menschen in einem Reich vereint waren, sich unterhielten, dieselben Theater-

stücke besuchten und manchmal sogar untereinander heirateten, begannen sie den Glauben an ihre Götter miteinander zu teilen und zu vermischen.

Wenn Leute von einem besonders interessanten neuen Gott hörten, kam es vor, dass sie anschließend seinen Tempel besuchten. Viele Menschen reisten zum Beispiel nach Ephesos, um sich den berühmten Artemis-Tempel anzusehen. Und wenn eine Römerin krank wurde, konnte es passieren, dass sie sich an den karthagischen Heilgott Eschmun wandte. Oder ein karthagisches Mädchen, das in einen römischen Jungen verliebt war, ging zum Tempel der römischen Liebesgöttin Venus und bat darum, dass sich der Junge in sie verliebte. Wir wissen nicht, ob Venus das konnte – und ob es sie überhaupt gab. Aber was tut man nicht alles, wenn man verliebt ist. Und selbst wenn es nicht half – es schadete sicher auch nicht.

Im Römischen Reich verbreiteten sich also viele verschiedene Göttergeschichten. Eine besonders interessante und wichtige Geschichte machte sogar noch vor Elagabals »Umzug« nach Rom die Runde. Sie stammte aus einem Land südlich von Phönizien und die ersten, die sich diese Geschichte erzählten, waren einige Juden. Juden wie Jona glaubten an einen großen, mächtigen Gott, der hoch oben über den Wolken sitzt und die Welt und die Menschen regiert, die er selbst erschaffen hat.

Die Juden sagten, ihr Gott sei so mächtig, dass er tun könne, was er wolle – zum Beispiel das Meer teilen oder die Sonne verschwinden lassen. Aber für einige Juden gab es einen Haken an dieser Geschichte. Denn wenn der jüdische Gott so mächtig war, warum ließ er es dann zu, dass die Römer die Juden unterdrückten und versklavten? Sie grübelten lange über diese Frage nach, aber sie fanden keine Antwort.

Schließlich begannen sie eine neue Geschichte zu erzählen. Sie sagten, der himmlische Vater habe einen Mann namens Jesus auf die Erde geschickt, der in einem kleinen Dorf namens Nazareth aufwuchs. **Und dieser Jesus würde den Menschen alles erklären.** Die Dorfbewohner gingen davon aus, dass er der Sohn eines bettelarmen Zimmermanns war, aber die Anhänger von Jesus behaupteten, er sei in Wirklichkeit der Sohn des himmlischen Vaters. Das klingt ein bisschen nach einem Theaterstück von Terenz, oder? Ein armer Junge, der sich als Sohn eines Mächtigen entpuppt? Zum Beweis zählten seine Anhänger all die erstaunlichen Wunder auf, die Jesus angeblich vollbrachte: Blinde und Taube heilen zum Beispiel. Und sogar Tote zum Leben erwecken.

Außerdem predigte Jesus den Menschen, **dass alles, was auf der Erde geschieht, nicht wirklich wichtig ist.** Dass es vergleichbar ist mit dem, was auf einer Theaterbühne aufgeführt wird. Auf der Bühne kannst du in verschiedene Rollen schlüpfen, aber wenn das Stück zu Ende ist, ist es egal, was du warst. Selbst wenn du den Kaiser spielen durftest und alle dir gehorcht haben: Nach dem Stück wirst du deine Schauspielkolleginnen kaum dazu bekommen, deine schmutzigen Klamotten zu waschen. Sie werden dich auslachen: »Hey, Schnarchnase, hast du nicht mitgekriegt, dass die Vorstellung vorbei ist? Setz deine Krone ab – und wasch deine Klamotten selbst!«

Jesus verglich das Leben mit einem Theaterstück, das endet, wenn wir sterben. Und wenn wir tot sind, ist es egal, ob wir zu Lebzeiten Kaiser oder Sklave waren. Das war also die Erklärung, warum der himmlische Vater den Römern erlaubte Juden, Karthager und Griechen zu unterdrücken und zu versklaven. Ist ja alles nur Theater. Wir leben ja nur ein paar Jahrzehnte auf der Erde. Und am Ende sterben wir, selbst wenn wir Kaiser von Rom sind. Und dann fressen uns die Maden.

»Aber«, so tröstete Jesus die Juden, »wenn ihr an den himmlischen Vater glaubt, dann nimmt er euch nach eurem Tod mit an einen wunderbaren Ort im Himmel, wo ihr in ewigem Glück weiterleben könnt, selbst wenn ihr auf der Erde nur Sklaven wart. Wenn ihr aber nicht an ihn glaubt, dann landet ihr nach eurem Tod in der Hölle. Das ist ein schrecklicher Ort, wo Dämonen euch bis in alle Ewigkeit im Feuer rösten, selbst wenn ihr auf der Erde Kaiser von Rom wart. Und damit das klar ist: **Himmel und Hölle sind kein Theater.** Sie dauern ewig – das Stück endet nie.«

So hat Jesus das alles erklärt.

Einige Juden glaubten ihm kein Wort. »Du bist nicht der Sohn des himmlischen Vaters«, sagten sie. »Du bist nur der Sohn eines armen Zimmermanns aus Nazareth!«

Andere glaubten Jesus und nannten ihn »Christus«, was auf Griechisch so viel bedeutet wie »der mit Öl Eingeriebene«.

Was soll denn das Öl?, fragst du dich jetzt vielleicht. Nun, wenn der himmlische Vater schon eine Art Stellvertreter auf die Erde schickt, so glaubten die Juden damals, dann ist er bestimmt mit einem ganz besonderen Himmelsöl eingerieben. Oder »gesalbt«, wie sie es ausdrückten.

Sie nannten Jesus also »Den mit Öl Gesalbten« oder »Christus«. Und sich selbst nannten sie Christen – weil sie Christus, dem Gesalbten, folgten.

Die Christen erzählten vielen nicht jüdischen Menschen von Jesus Christus, vom himmlischen Vater, vom Himmel und der Hölle. Sie verbreiteten die Geschichte in Ephesos und Theben, in Karthago und sogar in Rom. »Egal ob du Sklave oder Kaiser bist – du musst nur an Jesus Christus glauben und wenn du dann stirbst, holt dich der himmlische Vater zu sich in den Himmel!«

Allerdings konnten die Christen nicht beweisen, dass die Geschichte wirklich stimmte. Denn es kehrte ja niemand nach dem Tod auf die Erde zurück, um zu berichten, wie es im Himmel oder in der Hölle gewesen war. **Niemand wusste mit Sicherheit, was nach dem Tod mit einem Menschen geschah.** Das Leben mochte ein Theaterstück sein – aber was passierte, wenn der Vorhang fiel, das wusste niemand.

Trotzdem glauben Menschen oft an Geschichten – nicht weil sie Beweise dafür haben, sondern weil sie daran glauben *wollen*. Und so war es auch damals: Menschen, die ein hartes Leben hatten, wollten unbedingt glauben, dass nach dem Tod dieser wunderbare Himmel auf sie wartet. Das fanden sie sogar noch verlockender als die Vorstellung, ihr Vater könnte sich als Millionär oder Kaiser entpuppen.

So viele Jesus-Geschichten!

Es gab jedoch ein Problem. Je mehr Menschen im Römischen Reich Christen wurden, desto mehr unterschiedliche Jesus-Geschichten machten die Runde. Wann immer Leute ihre Mitmenschen von etwas überzeugen wollten, sagten sie: **»Das hat Jesus gesagt!«** Und so konnte man immer schlechter einschätzen, was Jesus *wirklich* gesagt hatte.

Um diese Frage zu klären, hielten die christlichen Anführer Versammlungen ab, erst in Hippo, einer Stadt in der Nähe von Karthago, dann in Karthago selbst. Karthago war einer der wichtigsten Orte der frühen Christen. Vielleicht mochten die Karthager ja die Idee, dass nicht die militärischen Siege zu Lebzeiten zählten, sondern was nach dem Tod geschieht.

Während ihres Treffens in Karthago gingen die christlichen Anführer all die verschiedenen Geschichten durch, die über Jesus und den himmlischen Vater im Umlauf waren. Dann wählten sie die Geschichten aus, die ihnen am wahrsten erschienen, und machten ein Buch daraus. **Dieses Buch nannten sie »Bibel«** und sie verboten strengstens Geschichten hinzuzufügen oder zu streichen. Noch heute besitzen Milliarden Menschen auf der ganzen Welt ein Exemplar dieser Bibel – mit genau den Geschichten, die damals in Karthago ausgewählt wurden. Falls die Christenanführer versehentlich falsche Geschichten in ihr Buch aufgenommen haben, dann werden diese bis heute weiterverbreitet.

Die christliche Religion wurde also von Juden in die Welt gesetzt und nach und nach von anderen Völkern übernommen. Von den Bewohnern Karthagos und Ephesos zum Beispiel. Und die Karthager wiederum halfen die Römer zu überzeugen Christen zu werden. Sogar die römischen Kaiser.

Da stellt sich doch die Frage, **wer denn nun eigentlich wen erobert hat, oder?** Ja, stimmt, die Römer haben zuerst die Gebiete der Griechen, Juden und Karthager erobert. Aber dann haben die Griechen Rom mit ihrem Theater erobert und die Juden und Karthager haben es mit ihrer Religion erobert. In einer Schachpartie hätte das Ganze so ausgesehen: Die schwarze Armee schlägt die weiße und tötet den weißen König. Aber dann färben sich nach und nach die schwarzen Bauern und sogar der schwarze König weiß. Oder alle Figuren auf dem Brett, schwarze wie weiße, werden grau.

Vandalen und Geister

Schließlich fiel das Römische Reich. Genau 600 Jahre, nachdem Scipio Karthago niedergebrannt hatte, segelte eine Flotte von Karthago aus nach Rom und eroberte es. Aber die Krieger waren keine Karthager – sondern Vandalen, ein neues Volk aus dem hohen Norden. Den Vandalen war es nämlich gelungen, ins Römische Reich einzudringen, die römische Armee zu besiegen, Karthago zu erobern und es als Basis für Angriffe auf die Stadt Rom zu nutzen. Als die Vandalen Rom eroberten, töteten sie so viele Menschen, brannten so viele Häuser nieder und richteten ein solches Chaos an, dass das Wort »Vandale« seitdem für Leute verwendet wird, die Dinge zerstören. Wenn ein Kind in der Schule zum Beispiel Mülleimer umkippt, Bücher zerreißt oder die Wände mit Graffiti besprüht, bekommt es Ärger wegen »Vandalismus«.

Die Karthager selbst waren übrigens nicht begeistert darüber, wie die Vandalen in Rom wüteten. Sie betrachteten sich mittlerweile nämlich selbst als Römer. Sie sahen die Vandalen nicht als Befreier, sondern eher als neue Eroberer. Stell dir einen karthagischen Jungen vor – nennen wir ihn Augustinus –, dem gerade zu Ohren gekommen war, dass die Vandalen Rom erobert hatten. Er war traurig und geschockt. Doch da erblickte er aus dem Augenwinkel etwas Seltsames: einen Geist, der sich vor lauter Begeisterung gar nicht mehr einkriegte.

»Wer bist du denn?«, fragte Augustinus erstaunt. »Ich hab noch nie einen Geist gesehen. Erst recht keinen gut gelaunten.«

»Ich bin der Geist deines Vorfahren Hannibal. Ich hab als karthagischer Soldat gegen Scipio gekämpft. Ganze 600 Jahre hab ich auf

Rache gewartet und jetzt ist es endlich so weit: **Rom ist gefallen!** Hurra! Was für ein Freudentag!«

»Ich hab's auch gehört«, sagte Augustinus, »aber mich macht's traurig.«

»Wieso denn das, mein Junge? Das ist doch ein Grund zum Feiern! Die Römer sind endlich besiegt! Warum freust du dich nicht?«

»Weil ich doch selbst Römer bin. Wieso sollte ich mich da über eine römische Niederlage freuen?«

»Bei Baal und Tanit!«, rief Hannibals Geist. »Du bist doch nicht römisch! Du bist Karthager! Die Römer sind deine Feinde!«

»Ja, ich bin Karthager, aber Karthager sind Römer. Das merkt man doch schon an meinem Namen – Augustinus. Ich bin nach dem größten aller römischen Kaiser benannt, Augustus.«

»Bei Baal und Tanit!«, entfuhr es dem Geist erneut. »Augustinus ist doch kein Name für einen guten karthagischen Jungen! Was hältst du von Hannibal? Das wäre passend!«

»Danke, aber ich finde Augustinus besser. Alle meine Freunde in der Lateinklasse nennen mich Augi.«

»Wie bitte? Latein?! Du lernst die Sprache unserer Feinde?!«

»Latein ist meine Muttersprache«, erklärte Augustinus. »Das sprechen wir zu Hause. Im Lateinunterricht lernen wir lesen und gut zu schreiben. Letzte Woche hatte ich die höchste Punktzahl in der Lateinarbeit! Später möchte ich Theaterautor werden, so wie Terenz, mein großes Idol.«

»Bei Baal und Tanit! Echte Karthager hassen das Theater!«

»Du redest immer von Baal und Tanit. Wer sind die denn eigentlich?«, fragte Augustinus.

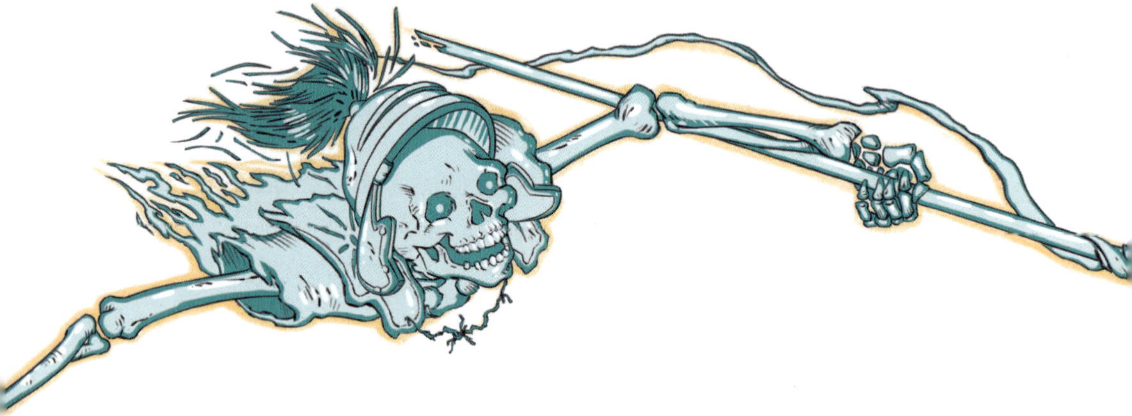

»Was!? Du kennst Baal und Tanit nicht? Du hast die Gottheiten deiner Vorfahren vergessen? Zu welchen Göttern betest du denn?«

»Wie alle guten Römer bete ich nur zu einem Gott – dem himmlischen Vater. Und natürlich zu seinem Sohn Jesus Christus.«

»Wie entsetzlich!«, rief der Geist. »Als dein Vorfahre bestehe ich darauf, dass du deinen Namen in Hannibal änderst, dass du wieder phönizisch sprichst, dass du Baal und Tanit anbetest und mit diesem Theaterquatsch aufhörst!«

»Aber ich kann doch fast gar kein Phönizisch. Und ich geh wirklich gerne in die Kirche und bete zu Jesus. Das Theater liebe ich auch. Und meinen Namen werde ich erst recht nicht ändern. Warum sollte ich?«

»Weil du mein Nachkomme bist **und als mein Nachkomme solltest du meine Sprache sprechen,** meine Götter anbeten und meine Kultur genießen! Nicht im Traum hätte ich mir vorstellen können, dass einer meiner Nachfahren sich als Römer fühlt!«

In dem Moment erschien ein zweiter, noch älterer Geist.

»Hör auf, den Jungen zu bequatschen, Hannibal!«, sagte er.

»Wer bist du denn?«, fragte Hannibal mit seiner geisterhaften Stimme.

»Ich bin König Jarbas, der Numidier«, antwortete der uralte Geist. »Ein Vorfahre von dir. Ich habe 600 Jahre vor dir gelebt und ich muss sagen: Du enttäuschst mich, Hannibal.«

»Wieso denn das?«, fragte Hannibals Geist.

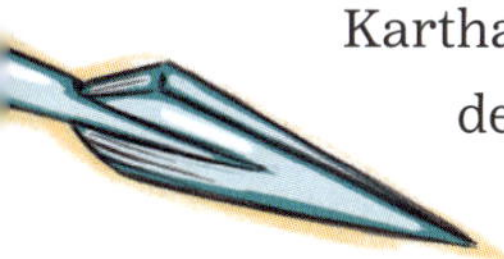

»Du bist mein Nachkomme und trotzdem hast du deinen Namen, die Sprache und die Götter von meinen schlimmsten Feinden, den Karthagern, übernommen! 600 Jahre bevor du geboren wurdest, lebte mein Volk in Frieden und Wohlstand – und dann tauchten plötzlich diese phönizischen Eindringlinge von jenseits des Meeres auf. Sie nahmen sich unser Land, bauten darauf ihre Stadt Karthago und ließen uns für sich schuften. Wir hassten sie, aber wir kamen nicht gegen sie an. **Sie waren zu mächtig.** Nie hätte ich mir träumen lassen, dass einer meiner Nachfahren sich als Karthager fühlt! Wenn der Junge hier auf einen römischen Namen hört und Latein spricht, ist das zwar schade, aber immer noch besser, als einen karthagischen Namen zu haben und phönizisch zu sprechen.«

Was meinst du, auf welchen seiner Vorfahren sollte Augustinus hören – auf Hannibal oder Jarbas?

Schwierig, oder? Und eigentlich ist es sogar noch komplizierter. Denn Menschen haben ja mehr als nur einen Vorfahren. Du hast ein Elternpaar. Und deine Eltern haben jeweils auch ein Elternpaar. Du hast also vier Großeltern. Und alle vier Großeltern haben ebenfalls zwei Elternteile – macht also acht Urgroßeltern für dich. Und diese acht Menschen hatten wiederum jeweils ein Elternpaar. Wenn du also etwa 100 Jahre zurückgehst, hast du 16 Ururgroßeltern. Gehst du 200 Jahre zurück, macht das schon 256 Vorfahren. Bei 300 Jahren sind es 4.096. Und bei 600 Jahren ... **hast du Millionen von Ahnen!**

Wenn Augustinus also von Vorfahren aus mehreren Jahrhunderten heimgesucht wurde, dann bestimmt nicht nur von zweien. Es muss eine millionenstarke Geisterhorde gewesen sein – angerückt aus unterschiedlichsten Gegenden der Welt.

»Wir sind aus Karthago«, rief eine Gruppe. »Und wir bestehen darauf, Junge, dass du phönizisch sprichst!«

»Wir sind Numidier!«, tönte es aus anderer Richtung. »Und wir können die Phönizier nicht ausstehen. **Du musst unsere Sprache sprechen, Junge!«**

»Wir sind Römer«, schalteten sich ein paar andere Geister ein. »Und wir finden, der Junge hat recht. Er soll Latein sprechen.«

»Ich war ein griechischer Kaufmann«, rief Heraklits Geist dazwischen, »und ich finde, du solltest griechisch sprechen. Oder zumindest ein paar ordentliche griechische Schimpfwörter kennen.«

»Ich war eine Sklavin und kam aus Jerusalem«, meldete sich ein weiblicher Geist zu Wort. »Ich wäre gern in Jerusalem geblieben, aber ein römischer Soldat hat mich gefangen genommen und nach Karthago verkauft. Ich bin deine Ururgroßmutter, Augustinus. Wie wär's, wenn du deinen Namen in Jona änderst und wie ein guter jüdischer Junge Hebräisch lernst?«

Immer mehr Geister kamen mit ihren Geschichten und drängten Augustinus ihre Sprache zu lernen. Schließlich rief er: »Ihr alle seid meine Vorfahren und ich wüsste nicht, warum ich einen von euch den anderen vorziehen sollte. Ich kann schließlich nicht alle eure Sprachen sprechen. Völlig unmöglich.«

»Und was jetzt?«, fragten die Geister.

»Keine Ahnung«, sagte Augustinus. »Macht das untereinander aus. Und wenn ihr euch einig seid, lasst mich wissen, für welche Sprache ihr euch entschieden habt. Bis dahin bleibe ich bei Latein.«

Die Geister runzelten die Stirn. Sie waren nicht begeistert von dem Vorschlag, hatten aber auch keinen besseren.

»In einem von Terenz' Stücken steht übrigens ein schöner Satz«, sagte Augustinus. »Auf Latein lautet er: *Homo sum: humani nihil a me alienum puto*. Wisst ihr, was das bedeutet?«

Die meisten Geister blickten ihn verwirrt an, nur die, die Latein konnten, lächelten.

»Es heißt: *Ich bin ein Mensch und nichts Menschliches ist mir fremd*. Menschen in verschiedenen Ländern sprechen oft unterschiedliche Sprachen. Sie erzählen sich unterschiedliche Göttergeschichten, mögen unterschiedliche Kunst, unterschiedliches Essen und unterschiedliche Spiele. Aber sie sind alle Menschen und deshalb können sie alle von dem profitieren, was irgendein anderer Mensch erfindet oder erschafft. Es stimmt, Latein wurde von den Römern erfunden, das Theater haben sich die Griechen ausgedacht und die Jesus-Geschichte stammt ursprünglich von den Juden. Aber Römer, Griechen und Juden sind alle Menschen. Und da auch ich ein Mensch bin, kann ich Latein sprechen, mich im Theater amüsieren und Weisheit von Jesus lernen.«

Ein neues Imperium

Wenn ein Imperium untergeht, dann erhalten die eroberten Völker nicht einfach ihre Freiheit zurück. Oft haben die Eroberten sich so stark verändert, dass sie ihren Vorfahren kaum noch ähneln. **Und außerdem wird ein untergegangenes Reich oft einfach durch ein anderes ersetzt.** Als das Römische Reich fiel, erlangten die Karthager ihre Unabhängigkeit jedenfalls nicht zurück. Sie wurden von den Vandalen erobert. Nach einiger Zeit wurden die Vandalen dann von den Griechen besiegt und Karthago wurde Teil eines neuen griechischen Reiches, das sich – um alle zu verwirren – »Römisches Reich« nannte. Die Griechen empfanden sich nämlich als Römer. Schließlich nahmen die Araber das griechisch-römische Reich ein und eroberten Karthago, das damit Teil des arabischen Reiches wurde.

Zunächst gefiel den Karthagern dieses arabische Reich nicht. Sie waren ja Christen und sprachen Latein. Die Herrscher des arabischen Reiches dagegen sprachen arabisch und glaubten an eine neue Religion namens Islam, gegründet vom Propheten Mohammed. Außerdem zerstörten die Araber Karthago und bauten in der Nähe eine völlig neue Stadt – Tunis.

Doch all die neuen Generationen von Karthagern – also auch Augustinus' Nachfahren – gewöhnten sich nach und nach an das Leben in Tunis. **Sie betrachteten sich nicht mehr als Karthager oder Römer,** sie sprachen weder phönizisch noch Latein, und sie glaubten weder an Baal noch an Jesus. Sie sprachen arabisch und glaubten an Mohammed und den Islam. Sie empfanden sich als muslimische Araber und gaben sich muslimische Namen wie Mohammed, Abdallah und Fatima.

Und jetzt stell dir mal einen muslimischen Jungen vor, nennen wir ihn Abdallah, der Hunderte Jahre später seine Ziegen zwischen den Ruinen Karthagos weidete. Ob er wohl, während er über die Trümmer des Baal-Tempels und der christlichen Kirchen lief, **von Augustinus' empörtem Geist heimgesucht wurde?** Ob der alte Geist ihn drängte seinen Namen, seine Sprache und seine Religion zu ändern? Oder ob er ihm nur lächelnd zuflüsterte: *Homo sum: humani nihil a me alienum puto*?

Geschichte ist kompliziert

Wir Menschen sind faul. Wir zerbrechen uns nicht gerne den Kopf, denn davon bekommen wir Kopfweh. Und deshalb mögen wir einfache Geschichten. Geschichten, bei denen wir schnell erkennen, wer die Guten und wer die Bösen sind. Aber unsere Menschheitsgeschichte ist nicht einfach, sie ist kompliziert. In der Geschichte Karthagos und Roms zum Beispiel sind die Guten und Bösen nicht so eindeutig zu erkennen. War der berühmte Feldherr Hannibal ein Guter, weil er die Römer bekämpfte? Oder war er schlecht, weil er so viele Städte in Spanien und anderswo zerstörte?

Es ist sogar noch viel komplizierter, denn man kann nicht einmal genau sagen, wer überhaupt karthagisch und wer römisch war. Karthager wurden zu Römern, während Römer zu Karthagern wurden. Manche Menschen waren gleichzeitig Karthager und Römer. Und ihre Ururenkel waren weder Karthager noch Römer, sondern Tunesier.

Das können wir also aus der Geschichte der Imperien lernen: **Einfach gestrickte Geschichten gibt's meist nur im Märchen.** Die echte Geschichte ist kompliziert. Und weil wir Menschen keine Märchenfiguren sind, sind auch wir kompliziert. Wir halten unsere Vorfahren für eine große, einheitliche Gruppe von Menschen. Aber wie in den Stücken von Terenz sind unsere Vorfahren nicht das, was wir glauben.

Wir fühlen uns einem ganz bestimmten Land zugehörig, aber wir verdanken auch anderen Ländern sehr viel. Wenn wir in der Zeit zurückgehen, werden wir früher oder später auf Vorfahren von uns stoßen, die aus einem ganz anderen Land kamen. Wir glauben gerne, dass wir von den Guten in der Geschichte abstammen. Aber bis zu einem gewissen Grad stammen wir auch von den Bösen ab – wir alle. Eine gruselige Vorstellung, oder? Vielleicht kennst du sogar irgendwelche Bösen in der Geschichte deines Landes oder sogar in deiner Familie?

Am Ende bleibt uns wohl gar nichts anderes übrig: **Wir müssen mit dem Erbe unserer Vorfahren leben.** Aber selbst wenn unter unseren Vorfahren richtig miese Gestalten waren – wir können uns ja zum Glück anders verhalten als sie. Dass unsere Vorfahren Kriege geführt und Imperien aufgebaut haben, heißt nicht, dass wir das auch tun müssen. Wir können die Vergangenheit nicht ändern oder rückgängig machen, das ist nicht möglich. Aber wir müssen sie auch nicht wiederholen. Egal was unsere Vorfahren getan haben, wir sind nicht unsere Vorfahren. **Wir haben die Chance, anders zu sein und es anders zu machen als sie.**

4 Der Sinn des Lebens

Gibt es nur eine wahre Geschichte?

Bücher, Filme, Computer- und Videospiele sind voll von Geschichten über Kriege und Schlachten zwischen Imperien. Klar, damit lässt sich ja auch jede Menge Spannung erzeugen. Allerdings führt so viel Kriegsgetöse dazu, dass manche Leute meinen, Kriege seien das Einzige, was passiert, wenn Fremde aufeinandertreffen. Das ist so, wie wenn sich zwei Kinder auf dem Schulhof prügeln: Die ganze Schule kommt angerannt, um zu sehen, was los ist, und danach wird tagelang über nichts anderes geredet.

Aber in Wirklichkeit prügeln sich die meisten Kinder gar nicht oft. **Meistens vertragen sie sich ganz gut.** Und so war es auch in unserer Geschichte. Wenn Angehörige verschiedener Völker aufeinandertrafen, dann haben sie sich in den allermeisten Fällen nicht bekämpft. Manchmal heirateten sie, oft trieben sie Handel, und noch öfter unterhielten sie sich einfach und erzählten sich Geschichten. Sie sprachen darüber, was sie traurig und was sie glücklich macht, wie die Welt entstanden sein könnte, woher Menschen und Tiere kommen und welche Regeln jeder befolgen sollte. Sie erzählten sich Geschichten über die römischen Götter Jupiter und Mars, über die karthagischen Gottheiten Baal und Tanit, über den himmlischen Vater und Jesus Christus und über den muslimischen Propheten Mohammed.

Dabei glaubten sie natürlich alle, **dass ihre eigene Geschichte wahr sei.** Aber wie sollte das gehen bei so vielen unterschiedlichen, oft widersprüchlichen Geschichten? Die Christen zum Beispiel glaubten, dass der himmlische Vater der einzige echte Gott und Schöpfer des Universums

sei. Die Griechen dagegen glaubten an die Götter Zeus und Artemis, und die Karthager an Baal und Tanit. Sie konnten schlecht alle recht haben, oder?

Kennst du das auch? Irgendetwas ist passiert, du hörst verschiedene Versionen darüber und weißt nicht, welche du glauben sollst? Nehmen wir mal an, zwei Mädchen aus deiner Schule, früher beste Freundinnen, reden plötzlich nicht mehr miteinander. Das eine Mädchen erzählt, es würde daran liegen, dass die andere sie nicht zu ihrer Geburtstagsparty eingeladen hat. Die andere dagegen behauptet, die Erste habe fiese Gerüchte über sie verbreitet. Und ein drittes Mädchen, das mit beiden befreundet ist, sagt, es hätte alles mit dem Streit um einen Jungen begonnen. Wem soll man glauben? Keine leichte Frage.

Genauso war es auch mit den Geschichten, die sich die Menschen über die Götter und den Ursprung der Menschheit erzählten. Und über das, was nach dem Tod passiert. Natürlich wollten viele Menschen wissen, welche Geschichte die einzig richtige ist. Und einer, der es wirklich *unbedingt* wissen wollte, war Möngke Khan, der Herrscher des Mongolenreiches. Er war nicht nur ein sehr neugieriger Mensch, er war auch der mächtigste Mann seiner Zeit.

Eine Einladung nach Karakorum

Möngke Khan war der Enkel eines großen, brutalen Eroberers namens Dschingis Khan. Hunderte Jahre nachdem die Araber ihr Reich gegründet und Tunis erbaut hatten, schuf Dschingis Khan, der vielleicht mehr Menschen getötet hatte als jeder andere vor ihm, ein noch riesigeres Imperium: das Mongolenreich. Nach dem Tod von Dschingis Khan regierte Möngke Khan dieses Reich. Er führte noch mehr Kriege und dehnte das Reich sogar noch weiter aus. Am Ende erstreckte es sich vom Pazifischen Ozean bis zum Mittelmeer und von Korea bis zur Ukraine.

Doch genau wie König Gilgamesch von Uruk wusste auch Möngke Khan, dass seine Macht nicht ewig dauern würde. Er würde eines Tages sterben und Madenfutter werden, das war ihm klar. Denn leider hatte er trotz all seiner Macht kein Rezept gegen den Tod. Er hatte auch keine Ahnung, woher die Menschen kamen und was das Leben überhaupt war. Er hörte viele Geschichten darüber, wahrscheinlich mehr als jeder andere auf der Welt, schließlich herrschte er über ein riesiges Reich. Und bei diesem Wirrwarr an Geschichten wollte er natürlich herausfinden, welche die richtige war.

Da kam Möngke Khan eine Idee: Er würde die schlausten Menschen der Welt zu einer großen Diskussionsrunde einladen. Bei dieser Versammlung sollten die Superhirne die richtige Geschichte zwischen all den falschen erkennen. Sie sollten die einzig wahre Version auswählen. Dann könnte er, der Khan, die Menschen der Welt endlich dazu bringen, an diese eine wahre Geschichte zu glauben – und ihm zu gehorchen. Eine Geschichte, ein Khan: so sein Plan.

Im Jahr 1254 war es dann so weit. Möngke Khan lud kluge Menschen aus ganz Asien, Europa und Afrika zur großen Versammlung in seine Hauptstadt Karakorum ein. Falls du dich jetzt fragst, warum er niemanden aus Amerika oder Australien einlud ... Nun, zu dieser Zeit gab es niemanden auf der Welt, der *alle* Erdteile kannte. Möngke Khan hatte noch nie von Amerika und Australien gehört. Und in Amerika und Australien hatte noch niemand von Möngke Khan und seinem Mongolenreich gehört.

Dafür stellen wir uns jetzt vor, dass Abdallah, unser Junge aus Tunis, unter den schlauen Menschen war, die sich auf die lange, gefährliche Reise nach Karakorum machten. Denn bestimmt war er inzwischen ein berühmter muslimischer Gelehrter geworden, ein *Ulama*. Und seine wissbegierige Tochter Fatima hatte er auch dabei, denn Fatima diskutierte für ihr Leben gern über die Rätsel der Welt.

Als die beiden in Karakorum ankamen, ging Abdallah direkt zu Möngke Khans Palast, um die anderen Experten aus Europa, Persien, Indien und China zu treffen. Während die Erwachsenen dem Khan ihre Geschichten erzählten, blieb Fatima in der Herberge. Dort traf sie Kinder aus vielen verschiedenen Ländern, die ihre Väter, Mütter oder Lehrer ebenfalls zur Karakorum-Konferenz begleitet hatten.

»Hallo«, begrüßte Fatima zwei Jungs und zwei Mädchen. »Ich heiße Fatima und komme aus Tunis. Ich bin mit meinem Vater Abdallah hergekommen.«

»Hallo«, antwortete der eine Junge. »Mein Name ist Paulus und ich komme aus Rom. Ich lasse mich gerade zum christlichen Priester ausbilden. Mein Lehrer ist im Palast und erzählt Möngke Khan vom himmlischen Vater und Jesus Christus.«

»Hey, ich lasse mich auch zum christlichen Priester ausbilden«, warf der zweite Junge ein. »Ich heiße Constantinus und komme aus Ephesos.«

»Ich bin Eleanor«, stellte sich eines der beiden Mädchen vor und schwieg sofort wieder.

»Und ich bin Khulan«, sagte das zweite Mädchen. »Ich komme aus der Mongolei. Ich bin in Karakorum geboren und freue mich, dass ihr alle hier seid. Meine Familie glaubt an die 99 Tengri-Gottheiten und an die Geister der Erde und des Wassers. Aber ich habe schon von anderen Religionen gehört und würde gerne mehr darüber erfahren. Man lernt bestimmt viel von Menschen aus anderen Ländern. Ich bin leider noch nie aus Karakorum rausgekommen.«

»Man lernt wirklich die erstaunlichsten Dinge, wenn man mit Fremden spricht.« Fatima nickte.

»Mein Lehrer sagt, dass es gut ist zu reisen, vor allem in weit entfernte Reiche«, erzählte Paulus. »Es gibt nämlich so viele Menschen, die noch nie etwas vom himmlischen Vater gehört haben. Mein Lehrer reist schon sein ganzes Leben lang – und das möchte ich auch. Wenn alle Menschen vom himmlischen Vater hören und an ihn glauben, dann können wir uns alle auf dieselben Regeln einigen und in Frieden leben.«

»Hm, genau das Gleiche schwebt unserem Khan auch vor«, sagte Khulan. »Eine Geschichte für alle – und ein Khan für alle. Also, ich bin ganz Ohr: Was kannst du uns über den himmlischen Vater erzählen?«

»Nun.« Paulus wurde ernst. »Am Anfang erschuf er das Universum – mit allem Drum und Dran. Er schuf die Erde und die Sonne und den Mond, die Ozeane, die Regenwolken und die Vulkane.«

»Und auch die Menschen, die Elefanten und die Spinnen!«, ergänzte Constantinus. »Der himmlische Vater liebt alles, was er erschaffen hat. Jedes einzelne Ding und Wesen. Deshalb sollten alle Menschen seine Regeln befolgen, überall auf der Welt. Es ist also völlig egal, wo du lebst und welche Sprache du sprichst. Wie alle Geschöpfe wurdest du vom himmlischen Vater erschaffen und er liebt dich – also musst du ihm gehorchen.«

»Und welche Regeln hat er aufgestellt?«, fragte Khulan.

»Du sollst niemanden töten«, antwortete Paulus. »Und auch nicht stehlen und lügen.«

»Und du sollst den Armen und Kranken helfen«, fügte Constantinus hinzu.

»Klingt vernünftig.« Khulan nickte. »Genau diese Regeln versuche ich auch zu befolgen. Scheint so, als wäre ich auch eine Christin!«

»Moment, nicht so schnell«, riefen Paulus und Constantinus. »Es gibt noch andere Regeln, die du einhalten musst.«

»Zum Beispiel ist der Rock, den du trägst, viel zu kurz«, sagte Constantinus. »Wir können ja deine Knie sehen. Der himmlische Vater mag es nicht, wenn Mädchen kurze Röcke tragen.«

Christen wie Paulus und Constantinus zählten gerne die vielen Regeln auf, die der himmlische Vater ihnen gegeben hatte. Regeln darüber, was man anziehen und essen durfte, welche Spiele erlaubt waren und welche Feiertage man achten sollte. **Es gab auch Vorschriften darüber, wer wem zu gehorchen hatte.**

»Die Jungen müssen den Alten gehorchen«, erklärte Paulus. »Und die Frauen den Männern. Und alle zusammen den christlichen Priestern.«

»Die christlichen Priester«, erläuterte Constantinus, »stehen dem Vater im Himmel nämlich sehr nahe. Sie sprechen ständig mit ihm. Wenn du nicht tust, was sie sagen, ärgert sich der himmlische Vater und bestraft dich. Zum Beispiel, indem er einen Vulkan ausbrechen lässt oder eine schreckliche Seuche schickt, die die Menschen krank macht. Wenn die Priester dich also auffordern Geld für den Bau einer großen Kirche zu spenden, **dann musst du das tun.** Und wenn sie dir sagen, du sollst aufhören ein anderes Königreich zu bekämpfen, dann musst du Frieden schließen.«

»Und was passiert«, fragte Khulan, »wenn ich zwar niemanden töte und armen

Menschen helfe, aber die anderen Regeln nicht befolge? Wenn ich zum Beispiel einen kurzen Rock trage oder den Männern nicht gehorche?«

»Dann wird sich der himmlische Vater wahnsinnig über dich ärgern und dich an einen schrecklichen Ort namens Hölle verbannen«, erklärte Paulus. **»Die Regeln des himmlischen Vaters sind alle gleich wichtig –** du kannst dir nicht nur die rauspicken, die dir gefallen.«

Khulan verstummte und sah Eleanor an, die noch immer kein Wort gesagt hatte.

Und was, wenn ich **nicht** an den **himmlischen Vater** glaube?

Über viele Jahrhunderte hinweg und in vielen verschiedenen Ländern haben christliche Priester den Menschen Geschichten wie diese erzählt. Und das tun sie noch heute. Die meisten europäischen Länder – von Griechenland bis Island, von der Ukraine bis Irland – sind irgendwann christlich geworden. Auch in vielen Ländern außerhalb Europas haben die Menschen den christlichen Glauben angenommen, etwa im afrikanischen Äthiopien oder im asiatischen Libanon. Und in der Neuzeit, als Europäerinnen und Europäer nach Amerika und Australien aufbrachen, **verbreitete sich der christliche Glaube in noch mehr Ländern –** zum Beispiel in Mexiko, Brasilien und Fidschi. Aber nicht immer wurden die Menschen Christen, weil sie die christlichen Geschichten so einleuchtend fanden. Es gab noch einen anderen Grund.

»Ihr Christen redet viel über Liebe und Frieden«, meldete sich Eleanor endlich zu Wort. »Aber ihr seid manchmal ganz schön gewalttätig. Ich hab zum Beispiel gehört, Constantinus, dass einer der schönsten Tempel überhaupt – der Tempel der Artemis – früher bei euch in Ephesos stand. **Aber ihr Christen habt ihn zerstört und die Steine zum Bau einer Kirche verwendet.«**

»Klar, wir wollen ja, dass alle an den himmlischen Vater glauben, und nur an ihn. Also zerstören

wir die Tempel der anderen Götter und bauen stattdessen Kirchen«, sagte Constantinus.

»Und das ist gut so!«, warf Paulus ein. »Auch in Rom haben wir die Tempel der anderen Götter zerstört oder in Kirchen umgewandelt. Denn all diese Götter – Artemis, Baal, Zeus und Jupiter –, die gibt's ja gar nicht. Die sind ausgedacht. Die gibt's nur in der Fantasie.«

»Wie fies ist das denn?«, rief Khulan. »Es ist ja in Ordnung, wenn ihr die Leute mit Argumenten *überzeugt* an euren himmlischen Vater zu glauben. Aber sie zum Glauben zu zwingen und dann noch alle anderen Tempel zu zerstören? Das ist … das ist ja barbarisch!«

»Pah!«, schnaubte Paulus. »Erzähl du mir nichts von Barbarei! Wie viele Menschen hat dein Khan in all seinen Kriegen massakriert, hm?«

»Okay, das stimmt«, gab Khulan leicht zerknirscht zu. »Ich finde es auch nicht in Ordnung, dass unser Khan reihenweise fremdes Land erobert. Aber wenigstens lässt er die Menschen glauben, woran sie wollen. Als mongolische Truppen die christlichen Gebiete der Rus rund um Kiew eroberten, ließen sie den Menschen dort ihren christlichen Glauben. Ich hab euch erzählt, dass meine Familie an die 99 Tengri-Götter und die Geister der Erde und des Wassers glaubt. Was würden eure christlichen Könige wohl mit uns machen, wenn sie uns jemals erobern?«

»Dann würden wir dafür sorgen«, lächelte Paulus, »dass ihr euren Aberglauben endlich loswerdet. 99 Götter und Tausende von Geistern? Wer glaubt denn so einen Blödsinn? Haufenweise primitive Geschichten, die sich eure Priester ausgedacht haben, um euch zu täuschen! Eure Götter und Geister gibt's doch gar nicht.«

»Ist euch jemals in den Sinn gekommen, dass *euer* Gott ausgedacht sein könnte? Ein Hirngespinst eurer Priester?«, fragte Khulan spitz.

Die Inquisition

Als das Christentum nach Rom, Karthago, Ephesos und in andere Gegenden kam, nahmen viele Menschen den christlichen Glauben an. Aber es gab auch Leute, die daran zweifelten, so wie Khulan. Trotzdem wurden die Christen immer zahlreicher und mächtiger, bis es irgendwann gefährlich wurde, Zweifel an ihrer Religion laut zu äußern. Obwohl die Christen immer wieder betonten, dass der himmlische Vater alle Menschen gleichermaßen liebte, begannen einige besonders eifrige Christen all diejenigen zu hassen, die nicht an ihn glaubten. Und in Ländern, in denen Christen an der Macht waren, beließen sie es irgendwann nicht mehr bei Worten ... sondern griffen zu Gewalt.

Anstatt der Welt Frieden zu bringen, entfachte die Geschichte vom himmlischen Vater zahlreiche neue Kriege. Obwohl die Christen sagten: »Der himmlische Vater hat uns verboten zu töten«, brachten sie Menschen um, die sich weigerten an den Christengott zu glauben. Wenn jemand sagte: »Ich glaube eure Geschichte nicht«, dann konnte es passieren, dass christliche Priester ihn packten, zum Hauptplatz der Stadt schleppten und ihn vor aller Augen töteten. Deshalb bekamen die Leute, die nicht an den himmlischen Vater glaubten, immer mehr Angst, ihre Zweifel auszusprechen.

»Ich möchte euch etwas erzählen«, wandte sich Eleanor an Paulus und Constantinus, »aber ihr müsst versprechen, dass ihr mich nicht schlagt.«

»Wieso sollten wir dich schlagen?«, empörten sich die beiden. »Wie kommst du denn darauf?«

»Ich hab gelernt vorsichtig zu sein«, antwortete Eleanor. »Ich stamme aus der Stadt Béziers in Südfrankreich. Eines Tages fiel eine große christliche Armee in Béziers ein und tötete alle, die nicht an eure Himmelsvatergeschichte glaubten.«

Paulus und Constantinus verstummten und blickten betreten zu Boden.

»Aber das ist noch nicht alles«, fuhr Eleanor fort. »Die christlichen Priester hatten den Verdacht, dass sie vielleicht nicht alle Ungläubigen erwischt hatten. Sie vermuteten, die Leute hätten aus lauter Angst, getötet zu werden, einfach behauptet an die Christengeschichte zu glauben – auch wenn sie es nicht taten.«

»Und was haben die Priester dann gemacht?«, fragten Fatima und Khulan.

»Sie erfanden die sogenannte Inquisition«, sagte Eleanor. »Das ist so was wie die Geheimpolizei der christlichen Priester. Sie heißt Inquisition, weil die Priester ständig nachbohren, ob man wirklich, *wirklich* an die Himmelsvatergeschichte glaubt. Meine Eltern haben sich irgendwann mal in der Küche unterhalten und meine Mutter sagte, sie sei sich nicht ganz sicher, ob die Geschichte über den Himmelsvater wirklich stimmt. Und auch mein Vater gab zu ein bisschen zu zweifeln. Sie dachten, es sei eine private Unterhaltung, nur zwischen ihnen beiden.«

»Und was ist passiert?«, fragten Fatima und Khulan.

»Ein Nachbar ging am Küchenfenster vorbei und schnappte das Gespräch auf. Er verriet meine Eltern an die Inquisition. Daraufhin hat man sie abgeholt … und bei lebendigem Leib auf dem Hauptplatz der Stadt verbrannt. Mein älterer Bruder und ich konnten den Priestern entkommen. Wir schlossen uns einer Handelskarawane an, die uns bis nach Karakorum brachte.«

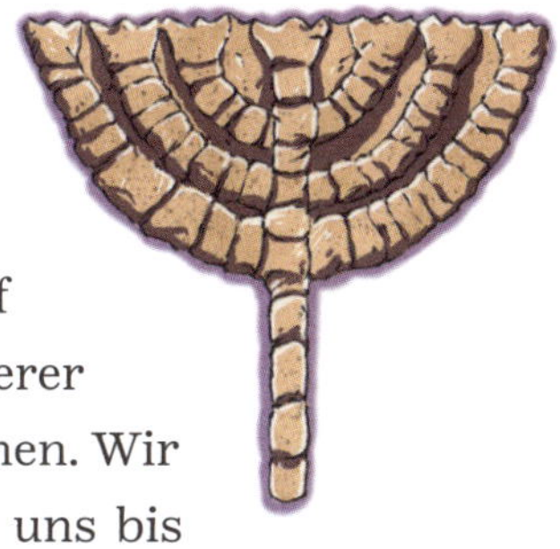

»Es tut mir leid, was dir passiert ist«, sagte Constantinus, der sich offensichtlich unwohl fühlte bei dem, was Eleanor erzählte. »Mir ist auch zu Ohren gekommen, dass einige Christen in Rom und Frankreich und anderen weit entfernten Gegenden schreckliche Dinge tun. **Aber ich glaube nicht, dass das im Sinne des himmlischen Vaters ist.** Es ist schlimm, wenn Menschen nicht an den himmlischen Vater glauben, aber noch schlimmer ist es, diese ungläubigen Menschen zu töten. Weißt du, nicht alle Christen sind gleich. Die Christen, die deine Familie auf dem Gewissen haben, heißen Katholiken. Ich bin nicht katholisch. Ich bin orthodox.«

Paulus, der katholisch war, schoss Constantinus einen wütenden Blick zu: »Moment mal, habt ihr Orthodoxen nicht den Artemis-Tempel zerstört? Und noch viele andere Tempel? Und seid ihr nicht immer wieder gegen Menschen in den Krieg gezogen, die den alten Göttern treu geblieben sind? Also tu nicht so, als würden nur die Katholiken so etwas machen.«

»Ich verstehe das nicht«, sagte Khulan frustriert. **»Wieso bekriegen und töten Menschen sich nur wegen der Götter?«**

Natürlich wurden auch vorher schon Kriege geführt – bevor die Christen ihre Geschichte vom himmlischen Vater verbreiteten. Aber in diesen früheren Kriegen ging es selten um Götter. Damals hatten alle ihre eigenen Götter – egal ob es die 99 Tengri-Götter waren oder Baal und Tanit, Jupiter und Mars oder Zeus und Artemis. Und alle akzeptierten, dass es unterschiedliche Götter gab. Wenn jemand plötzlich einen anderen Gott verehren wollte, war das in Ordnung. Selbst als die Römer die Griechen und Karthager eroberten, zwangen sie niemanden die eigenen Götter aufzugeben und zu den römischen Göttern zu wechseln. Erst mit den Christen änderte sich das: Sie behaupteten, es gäbe nur einen Gott auf der Welt, einen einzigen. Und sie begannen all diejenigen zu bekämpfen, die nicht an ihn glaubten.

Der himmlische Vater und die Kinder

Die Christen bekämpften nicht nur Menschen, die ihren himmlischen Vater nicht verehrten, sie zankten auch untereinander. Obwohl sie sich im Glauben an ihren Gott einig waren, stritten sie darüber, was genau der himmlische Vater von ihnen erwartete und wie ihre christlichen Pflichten aussahen. Auch Paulus und Constantinus bekamen sich darüber in die Haare.

»Wenn mein Vater heute Abend von Möngke Khans Versammlung kommt«, sagte Constantinus, »spreche ich ihn auf Eleanors Geschichte an.«

»Dein Vater? Was macht der denn hier?«, fragte Paulus spöttisch.

»Ist das nicht klar? Er ist einer der Priester, die der Khan eingeladen hat«, antwortete Constantinus. »In Ephesos und Umgebung gilt mein Vater als der weiseste Priester weit und breit!«

»Aber wie kann ein Priester gleichzeitig Vater sein?«, rief Paulus. »Der himmlische Vater sagt doch, dass Priester nicht heiraten und keine Kinder haben dürfen! Dein Vater hat also gegen die Regeln verstoßen!«

»Lügner!«, schimpfte Constantinus. »Eine solche Regel hat der himmlische Vater nie aufgestellt!«

»Schande!«, schrie Paulus. »Dein Vater kommt hierher, um die Mongolinnen und Mongolen über den himmlischen Vater zu belehren, und dabei gehorcht er ihm nicht mal selbst.«

»Nimm das sofort zurück! Mein Vater ist der beste Priester überhaupt!«, schrie Constantinus wutentbrannt.

Eine der größten Streitfragen zwischen Katholiken und Orthodoxen drehte sich darum, ob Priester heiraten und Kinder haben durften. Für die Orthodoxen war das in Ordnung. Die Katholiken dagegen glaubten, der himmlische Vater hätte den Priestern das Kinderkriegen streng verboten. Paulus und Constantinus wurden immer lauter ... und schließlich sogar handgreiflich, sodass Fatima und Khulan dazwischengehen und die beiden trennen mussten.

An vielen Orten der Welt stritten sich die Christen über diese Frage. Ganze Kriege wurden deswegen geführt. Bei einigen Regeln des himmlischen Vaters waren sich zwar alle einig – zum Beispiel beim Tötungsverbot –, aber über andere stritten sie so erbittert ... dass sich die Gegner manchmal sogar töteten.

50 Jahre vor der Karakorum-Konferenz tobte zum Beispiel eine furchtbare Schlacht in der Stadt Konstantinopel. Eine Armee von Katholiken, die überzeugt waren, dass Priester keine Kinder haben dürften, hatte die Stadt angegriffen. Denn dort herrschten Orthodoxe, die fanden, dass ihre Priester sehr wohl Kinder haben durften. Aber natürlich stritten sie nicht nur um die Kinderfrage: Konstantinopel war eine extrem reiche Stadt und viele der Angreifenden wollten sich etwas von den Reichtümern unter den Nagel reißen. Zwar waren sie sich einig, dass der himmlische Vater das Stehlen verboten hatte ... aber sie taten es trotzdem. Die katholischen Christen eroberten Konstantinopel, brannten ganze Stadtviertel nieder, raubten das Gold und Silber aus den orthodoxen Kirchen und töteten Tausende von orthodoxen Christen.

Der himmlische Vater und der Wein

Es gab aber auch Menschen, die an den himmlischen Vater glaubten, obwohl sie gar keine Christen waren. Den himmlischen Vater nannten sie Allah und genau wie die Christen glaubten sie, dass er das Universum erschaffen hatte; aber so gut wie alles andere, was die Katholiken und Orthodoxen über ihren Gott sagten, fanden sie falsch. Diese Leute waren Muslime, so wie Fatima und ihr Vater Abdallah.

»Schön, dass ihr endlich aufgehört habt zu streiten«, sagte Fatima. »Ich hab euch zugehört und finde einiges richtig, was ihr sagt. Auch ich glaube nämlich an den Gott im Himmel – wir nennen ihn Allah. Aber mein Vater sagt, dass eure christlichen Priester zu viele Lügen über ihn verbreiten.«

Paulus und Constantinus hörten auf, sich gegenseitig anzufunkeln, und blickten Fatima an.

»Was für Lügen?«, fragten sie.

»Eure Priester erzählen zum Beispiel, dass der himmlische Vater Wein liebt und dass man ihm zu Ehren ein besonderes Ritual durchführen soll, bei dem man Wein trinkt.«

»Stimmt ja auch!« Paulus und Constantinus waren froh, dass sie endlich mal wieder einer Meinung waren. »Der Wein steht für das Blut von Jesus Christus, Gottes Sohn. Wenn man das Blut von Jesus trinkt, verbindet man sich mit dem himmlischen Vater.«

»Aber das widerspricht doch der Regel des himmlischen Vaters, dass niemand Wein trinken darf. Wer Wein trinkt, verärgert den himmlischen Vater und landet in der Hölle.«

Paulus und Constantinus schüttelten energisch den Kopf.

»Die christlichen Priester behaupten auch, dass der himmlische Vater es okay findet, wenn man Schweinefleisch isst.«

»Stimmt«, sagten Paulus und Constantinus. »Schweinefleisch ist ja auch total lecker.«

»Nein, stimmt nicht«, widersprach Fatima. »Denn eigentlich hat der himmlische Vater ein Schweinefleischverbot erlassen. Wenn ihr Schweinefleisch esst, verärgert ihr ihn.«

»Glauben wir nicht.« Erneutes Kopfschütteln.

»Und noch eine wichtige Regel hat der himmlische Vater aufgestellt«, fuhr Fatima fort. »Einen Monat im Jahr, im Ramadan, darf man tagsüber weder essen noch trinken. Nur in der Nacht. Aber diese Regel erwähnen die christlichen Priester nie und das ärgert den himmlischen Vater.«

»Die Regel musst du dir ausgedacht haben«, rief Paulus.

»Ja, die kenne ich auch nicht!«, stimmte Constantinus zu.

»Klar, weil ihr nur auf eure christlichen Priester hört«, sagte Fatima. »Hört euch lieber mal die muslimischen Ulama an. Die wissen, was Allah wirklich will.«

Du kannst dir bestimmt vorstellen, dass Christen sich so etwas nicht gerne sagen ließen.

Die ersten Muslime waren hauptsächlich Araber, die in der arabischen Wüste lebten, in der Nähe von Phönizien. Genau wie die Christen zogen auch die Muslime in die Welt, um ihre Geschichte über Allah zu verbreiten. Deshalb gibt es heute viele Länder, die mehrheitlich muslimisch sind: zum Beispiel Senegal, Mali und Ägypten in Afrika, Iran und Bangladesch in Vorderasien und Indonesien in Südostasien. Einige Menschen in diesen Ländern sind Muslime geworden, weil die muslimische Geschichte sie überzeugt hat. Andere wurden mit Gewalt »überzeugt«. Denn genau wie die Christen mochten es die Muslime nicht, wenn jemand an ihrer Geschichte zweifelte. Dann griffen auch sie manchmal zu den Waffen.

»Und was passiert, Fatima, wenn jemand in einem muslimischen Land nicht an den himmlischen Vater glaubt?«, fragte Eleanor leise.

Fatima zögerte. Dann gab sie zu, dass man Ungläubige auch bei ihnen manchmal verfolgte und sogar tötete.

»Hm, verstehe.« Eleanors Miene verdüsterte sich.

Die christlichen und muslimischen Geschichten über den himmlischen Vater verbreiteten sich in der ganzen Welt und brachten viele Veränderungen mit sich. Neue Feiertage kamen auf – Weihnachten zum Beispiel, das Geburtsfest von Jesus Christus. Und neue Sprachen setzten sich durch. So redeten die ägyptischen und tunesischen Muslime plötzlich arabisch miteinander, das war die Sprache des Propheten Mohammed und der allerersten Muslime.

Auch bei der Kleidung, beim Essen und Trinken änderte sich einiges. Muslime zum Beispiel verzichteten komplett auf Schweinefleisch und Wein.

Aber falls die Menschen hofften, die Geschichten vom himmlischen Vater würden der Welt Frieden bringen, dann wurden sie enttäuscht. Im Gegenteil: Die Religionen verursachten mehr Kriege als je zuvor.

Der himmlische Vater hat ein Problem

»Ihr drei«, sagte Khulan zu Fatima, Paulus und Constantinus, »seid euch immerhin in einem einig: darin, dass der himmlische Vater das Universum erschaffen hat und allmächtig und allwissend ist.«

»Richtig.« Fatima, Paulus und Constantinus nickten.

»Aber wenn das stimmt, warum gibt's dann so viel Leid auf der Welt? Wenn der himmlische Vater alles tun kann, was er will, warum beendet er die Kriege dann nicht? Warum lässt er zu, dass sich die Menschen gegenseitig quälen und töten?«

»Der himmlische Vater ist nicht schuld an den Kriegen«, stellte Paulus klar. »Die Kriege werden von schlechten Menschen angezettelt. Sie sind schuld.«

»Aber selbst wenn die Kriege von schlechten Menschen begonnen werden«, sagte Khulan, »der himmlische Vater könnte sie doch beenden, um die guten Menschen vor den schlechten zu schützen, oder?«

»Ich hab gehört, dass das alles nur ein Test ist«, sagte Constantinus. »Der himmlische Vater hat einen paradiesischen Ort namens Himmel erschaffen, wo nie etwas Schlimmes passiert. Wo es keine Kriege, kein Leid und keinen Tod gibt und die Menschen bis in alle Ewigkeit glücklich und zufrieden leben. Aber um zu entscheiden, wer in den Himmel kommt und wer nicht, hat der himmlische Vater die Erde geschaffen. Wir leben nur sehr kurz auf der Erde und der himmlische Vater beobachtet uns genau. Er sieht alles, was

wir tun. Wenn wir Gutes tun, holt er uns nach unserem Tod zu sich in den Himmel. Wenn wir Schlechtes tun, dann nicht. Wenn gute Menschen also manchmal auf der Erde leiden, macht das nichts: Denn es ist ja nur für ein paar Jahre – danach dürfen sie für immer im Himmel leben!«

»Klingt nicht sehr überzeugend«, erwiderte Khulan. »Woher sollen wir wissen, ob das stimmt? Kennst du etwa jemanden, der aus dem Himmel zurückgekehrt ist und beweisen kann, dass es ihn wirklich gibt?«

»Ähm ... nicht wirklich«, gab Constantinus zu.

»Außerdem«, fuhr Khulan fort, »wenn der himmlische Vater der allmächtige Schöpfer von allem ist, warum macht er sich dann die Mühe mit diesem komplizierten Test? Er hätte doch einfach gleich nur gute Menschen erschaffen können. Menschen, die alle in den Himmel kommen. Warum hat er sich die Mühe gemacht, schlechte Menschen zu erschaffen?«

»Hm, da ist was dran, Khulan«, sagte Fatima. »Als meine Mutter letztes Jahr plötzlich krank wurde und starb, ging mir etwas Ähnliches durch den Kopf. Okay, kann ja sein, dass Kriege durch schlechte Menschen und nicht durch den himmlischen Vater verursacht werden – aber was ist mit Krankheiten oder Erdbeben? Dahinter stecken doch keine schlechten Menschen, oder? Wenn der himmlische Vater der allmächtige Schöpfer von allem ist, warum hat er dann die Krankheit erschaffen, die meine Mutter getötet hat?«

»Das mit deiner Mutter tut mir leid.« Khulan legte Fatima mitfühlend eine Hand auf die Schulter. »Und weißt du, nicht nur Menschen leiden unter Krankheiten, Erdbeben und Gewalt, sondern auch Millionen von Tieren. Gazellen werden von Tigern gefressen, Küken von Adlern zerfleischt. Elefantenkälber verirren sich in der Wüste und verdursten. Welpen verlaufen sich in den Städten und verhungern. Wenn der himmlische Vater so gut ist und tun und lassen kann, was er will, **warum hat er dann eine Welt mit so viel Leid erschaffen?** Glaubst du übrigens, dass die armen Gazellen und verirrten Welpen nach ihrem Tod auch in den Himmel kommen?«

Zwei Götter?

Wo auch immer Menschen zusammenkamen, die an den himmlischen Vater glaubten, diskutierten sie über diese komplizierten Fragen. Sie zerbrachen sich die Köpfe, aber wirklich einleuchtende Antworten fanden sie nicht. Dafür hatten andere Leute eine Antwort – Leute, die gar nicht an den himmlischen Vater glaubten. Und diese Antwort war ziemlich einfach.

»Ich weiß, warum es so viel Leid auf der Welt gibt«, sagte Eleanor.

»Warum?«, fragten die anderen.

»Beide, Christen und Muslime, liegen falsch, wenn sie sagen, dass es nur *einen* großen Gott und Schöpfer des Universums gibt. In Wirklichkeit gibt es zwei große Götter! Es gibt den guten Fürsten des Lichts und den bösen Fürsten der Finsternis, den Teufel. Der Fürst des Lichts schuf alles Gute: Freude und Liebe und nette Tiere wie Lämmer und Schmetterlinge. Der Teufel schuf alles Böse: Schmerz und Hass und gefährliche Tiere wie Tiger und Adler. Auch für Kriege und Krankheiten ist er verantwortlich.«

Die anderen hörten aufmerksam zu.

»Interessant«, sagte Paulus.

»Ja, erzähl weiter«, bat Fatima.

»Der Fürst des Lichts kämpft ständig gegen den Teufel und versucht ihn zu bremsen. Wenn das Licht gewinnt, passiert Gutes. Wenn der Teufel gewinnt, geschehen Unglücke – wie das, was deiner Mutter und meinen Eltern zugestoßen ist, Fatima. Der Fürst des Lichts ist sehr mächtig, aber er kann trotzdem nicht tun, was er will, denn auch der Teufel ist sehr mächtig. Wir Menschen sollten dem Fürsten des Lichts helfen den Teufel zu besiegen, dann wird es keinen Schmerz und Krieg und keine Krankheiten mehr geben.«

»Und wie können wir ihm helfen?«, fragte Fatima.

»Indem wir Gutes tun«, antwortete Eleanor. »Indem wir zum Beispiel nett zu anderen Menschen sind, anstatt sie zu ärgern und zu verletzen.«

Die Geschichte vom Fürsten des Lichts und dem Teufel ist sehr alt. Zum ersten Mal hat man sie sich in Persien erzählt, mehr als 1.000 Jahre vor der Karakorum-Konferenz. Damals hieß der gute Gott Ahura Mazda und der böse Angra Mainyu. Aber mit der Zeit änderten sich die Namen. Für den bösen Gott tauchten die Namen Ahriman, Satan, Luzifer, Iblis oder Teufel auf. Doch die Geschichte blieb so ziemlich die gleiche. Sie war nämlich sehr überzeugend. Und sie hatte einen großen Vorteil gegenüber der Geschichte vom himmlischen Vater. Weil zwei Götter darin vorkamen, erklärte sie sehr gut, warum auf der Welt so viel Schlimmes passiert und weshalb selbst die netten Menschen davon nicht verschont bleiben.

Die Geschichte war sogar *so* einleuchtend, dass selbst Christen und Muslime sie weitererzählten. Zwar beharrten sie immer noch darauf, dass es nur *einen* allmächtigen Gott gäbe, der alles erschaffen hat, aber wenn sie gefragt wurden: »Warum gibt es Kriege und Krankheiten?«, antworteten sie: »Oh, das liegt am Teufel.«

Dabei machte es für Christen und Muslime eigentlich nicht viel Sinn, an den Teufel zu glauben. Denn wenn der himmlische Vater, wie Christen und Muslime behaupteten, alles erschaffen hatte und allmächtig war, warum hatte er dann den Teufel erschaffen? Oder warum schaffte er ihn nicht einfach ab? Leider hatten Christen und Muslime keine überzeugende Antwort auf diese Frage. Aber irgendwie schaffen wir Menschen es ja immer wieder, auch Dinge zu glauben, die nicht viel Sinn ergeben. Und so haben es viele Christen und Muslime irgendwie hinbekommen, an den absolut allmächtigen himmlischen Vater zu glauben und gleichzeitig an den Teufel, der an sämtlichen Problemen der Welt schuld ist.

Ein dritter Gott?

»Nur damit ich's richtig verstehe«, sagte Paulus zu Eleanor. »Du glaubst also nicht, dass es einen einzigen großen Gott gibt, der die ganze Welt beherrscht?«

»Nein.« Eleanor schüttelte den Kopf.

»Stattdessen glaubst du, dass es zwei Götter gibt, die um die Herrschaft in der Welt ringen? Einen guten und einen bösen?«

»Ja.« Eleanor nickte.

»Aber das ergibt doch gar keinen Sinn!«, rief Paulus.

»Warum nicht?«, fragte Eleanor.

»Wenn die Welt eine Kampfarena für zwei gegnerische Götter ist, **wer bestimmt dann die Regeln des Kampfes?** Wer entscheidet, was der gute Gott und der böse Gott tun müssen, um zu gewinnen?«

»Wie meinst du das?«, fragte Eleanor verwirrt.

»Angenommen, zwei Armeen ziehen in den Krieg«, erklärte Paulus. »Dann können sie doch nur deshalb gegeneinander kämpfen, weil sie beide denselben Gesetzen unterworfen sind. Gesetzen, die sie nicht ändern können.«

»Welchen Gesetzen?«, fragte Eleanor.

»Den Gesetzen der Natur. Wenn zum Beispiel ein Katapult einen Stein in den Himmel schießt, dann fällt der Stein irgendwann wieder runter. Und vielleicht kracht er jemandem auf den Kopf und tötet ihn. **Das ist ein Naturgesetz:** Der Stein fällt auf jeden Fall vom Himmel, stimmt's? Und ein anderes Gesetz besagt, dass ein Mensch stirbt, wenn ihm ein Stein den Schädel zertrümmert. Auch wenn sich die beiden Armeen in nichts sonst einig sind – sie unterliegen beide diesen Naturgesetzen. Könnte jede Armee ihre eigenen Naturgesetze erfinden, dann könnten sie nicht gegeneinander kämpfen. Dann würde jede Armee nämlich sofort ein Gesetz erfinden, das

ihre Soldaten unverwundbar macht, während die Feinde schon umfallen, wenn man nur mit dem Finger auf sie zeigt. Aber in unserer Welt«, fuhr Paulus fort, »*gibt* es Kriege. Soldaten *kämpfen* gegeneinander und manchmal töten sie sich, weil sie die Naturgesetze eben nicht ändern können. Die Naturgesetze sind nun mal da und alle sind ihnen ausgeliefert, ob sie wollen oder nicht. Wenn nun aber das ganze Universum von zwei Göttern erschaffen wurde, die sich ständig bekämpfen, wer hat dann die Naturgesetze gemacht? Und wer hat entschieden, welchen Gesetzen die beiden in ihrem Kampf unterworfen sind? Hätte sich der Fürst des Lichts die Gesetze ausgedacht, hätte er sie natürlich so gestaltet, dass sie für ihn günstig sind und ihm zum Sieg verhelfen. Und umgekehrt hätte der Teufel es genauso gemacht.«

»Ich verstehe, was du meinst«, sagte Eleanor. »Sieht also so aus, als hätte jemand anderes die Gesetze gemacht. Jemand, der noch mächtiger ist als der Fürst des Lichts und der Teufel. Jemand, dessen Gesetzen sie beide unterworfen sind.«

»Moment, aber wenn die beiden die Gesetze nicht gemacht haben, dann können sie auch das Universum nicht gemacht haben«, mischte sich Khulan ein. »Dann muss der Schöpfer des Universums jemand noch Mächtigeres sein.«

»Aber wer könnte dieser mächtige Jemand sein, dem sowohl der Fürst des Lichts als auch der Teufel gehorchen?«, überlegte Fatima. »Ein dritter Gott, der den Fürsten des Lichts und den Teufel erschaffen hat? Und wenn ja, warum hat dieser dritte Gott eine Welt gemacht, in der so viel Leid herrscht?«

»Vielleicht sind wir und unser Leid diesem dritten Gott völlig egal«, meinte Eleanor. »Vielleicht macht's ihm sogar Spaß, die Menschen und Tiere zu schikanieren, die er erschaffen hat. So wie ein Kind, das einer Fliege die Flügel ausreißt und sich darüber amüsiert, wie sie sich quält. Vielleicht gibt's ja doch nur einen Gott, der alles erschaffen hat – und der ist böse.«

Alle verstummten. Ihnen schwirrte der Kopf. Sie hatten keine Ahnung, welche der vielen Göttergeschichten richtig war. Und genauso ging es den Erwachsenen, die im Palast des Khans über dieselben Fragen diskutierten. Sie stritten lange und heftig und trotzdem konnten sie sich nicht einigen, ob es viele Götter, zwei Götter oder nur einen Gott gab – und wer dieser eine Gott war.

Der Khan bekam die Antworten, die er sich so erhofft hatte, also nicht.

Warum gibt es so viel Leid auf der Welt?

All die verschiedenen Göttergeschichten, die sich die Menschen erzählten, konnten die Welt also nicht erklären. Und sie brachten auch keinen Frieden. Und verhinderten kein Leid. Einige kluge Menschen fanden deshalb, es würde nichts bringen, über Götter zu streiten. Es sei sinnlos. Was spielte es schon für eine Rolle, ob es viele Götter gab oder nur einen oder zwei oder gar keinen? Anstatt über Götter zu streiten, sollten die Menschen lieber herausfinden, wodurch all das Leid in der Welt verursacht wird – und wie man es beenden kann.

Einer, der so dachte, war ein junger Prinz namens Siddhartha. Er lebte in Indien, mehr als 1.500 Jahre vor Möngke Khans Karakorum-Konferenz. Obwohl er selbst in einem prächtigen Palast aufwuchs, beschäftigte ihn die Frage, warum es so viel Leid auf der Welt gab. Um mehr darüber zu erfahren, suchte er das Gespräch mit Menschen aus unterschiedlichsten Gegenden und Königreichen – ähnlich wie Möngke Khan.

Siddharta fragte die Menschen nach dem Grund für ihren Kummer. Viele erzählten ihm, sie seien unglücklich, weil sie nicht genug Geld, nicht genug Land oder nicht genug zu essen hätten. »Wäre ich reich und berühmt«, hörte er immer wieder, »dann wäre ich restlos glücklich! Deshalb bete ich jeden Tag zu meinen Göttern, dass sie mich reich und berühmt machen!«

Obwohl so viele Menschen das Gleiche sagten, klang es nicht

richtig. Als Prinz, der in einem Palast lebte, kannte Siddhartha die wohlhabendsten, berühmtesten und mächtigsten Menschen seiner Zeit. Regelmäßig traf er reiche Kaufleute, hohe Priester und sogar Könige. Aber glücklich wirkten sie auf ihn nicht – obwohl sie Geld, Land und Essen im Überfluss hatten.

Einige dieser superreichen Leute mit ihren großen Häusern, ihren prall gefüllten Speisekammern, den Gold- und Silberschätzen und den vielen eifrigen Dienerinnen und Sklaven schienen neidisch zu sein – auf Menschen, die noch reicher waren. Oder sie hatten Angst, dass Diebe ihr Gold stehlen oder dass Schädlinge ihre Ernte vernichten könnten. Und noch mehr fürchteten sie, der König könnte ihnen ihr Land und ihr Geld wegnehmen.

Die Könige, die Siddhartha kannte, herrschten über große Reiche und hatten Zehntausende von Soldaten unter ihrem Kommando. Und trotzdem waren sie nicht glücklich. Sie waren eifersüchtig auf Könige mit noch größeren Reichen und noch größeren Heeren. Sie hatten Angst, dass ein anderer König ihr Reich einnehmen könnte. Und noch mehr fürchteten sie, dass einer ihrer eigenen Soldaten sie ermordete und sich selbst zum König machte.

Und dann waren da noch die Priester. Siddhartha begegnete Priestern, die behaupteten alles über die Welt zu wissen: welche Götter herrschten, was diese Götter wollten und wie man zu ihnen beten musste, um Hilfe zu bekommen. »Wenn du zum richtigen Gott betest und das erlaubte Essen isst und an den vorgeschriebenen Tagen fastest, dann wird Gott dir helfen und du wirst glücklich sein«, sagten die Priester.

Doch auch sie wirkten nicht immer glücklich. Sie wurden wütend, wenn andere Priester ihnen widersprachen und

andere Geschichten erzählten. Sie fürchteten, die Könige könnten auf die anderen Priester hören. Aber noch mehr fürchteten sie, sie selbst könnten sich vielleicht geirrt haben und gar nicht alles über die Welt wissen.

Siddhartha stellte fest, dass der Neid, die Angst und die Wut, die den Reichen, den Königen und den Priestern das Leben schwer machten, überall auf der Welt gleich waren. Überall gab es neidische Wohlhabende, ängstliche Könige und wütende Priester. Es spielte keine Rolle, wo sie lebten, welche Sprache sie sprachen oder an welche Götter sie glaubten.

Und noch etwas stellte Siddhartha fest, etwas sehr Merkwürdiges: dass es nämlich oft gar nicht Fremde aus fernen Ländern sind, die uns unglücklich machen, sondern die Menschen, die wir am meisten lieben. Unsere Eltern machen uns unglücklich, wenn sie uns anschreien oder bestrafen. Unsere Geschwister, wenn sie Streit suchen oder uns Sachen wegnehmen. Unsere Freundinnen und Freunde, wenn sie sich über uns lustig machen oder nicht mehr mit uns befreundet sein wollen. Und umgekehrt machen auch wir sie unglücklich. »Komisch«, dachte Siddhartha. »Warum tun sich Menschen, die sich eigentlich lieben, gegenseitig weh?«

Niemand schien eine Antwort auf seine Frage zu haben. Und niemand schien zu wissen, wie man all das Leiden beenden könnte. Also beschloss Siddhartha den Dingen selber auf den Grund zu gehen. Und was er dabei herausfand, veränderte die Welt. Die Menschen begannen ihn Buddha zu nennen, was so viel heißt wie »Der, der den Weg aus dem Leiden kennt«. Heutzutage sprechen Millionen von Menschen über Buddha und glauben an das, was er herausgefunden hat. Und auch im Jahr 1254 war Buddhas Geschichte bereits bis nach Karakorum vorgedrungen.

Mein schlimmster Feind

Das Gespräch in der Herberge hatte Fatima aufgewühlt. Sie beschloss eine Runde spazieren zu gehen und darüber nachzudenken, warum es so viel Leid auf der Welt gab.

»He! Pass auf, wo du hintrittst!«, hörte sie plötzlich eine Stimme hinter sich.

Fatima blieb stehen und sah einen Jungen in einem safrangelben Gewand.

»Was soll das? Warum schreist du mich an?«, fragte sie.

»Weil du fast auf eine Ameise getreten wärst«, sagte der Junge. »Tut mir leid, wenn ich dich erschreckt hab. Ich bin Anand.«

»Oh, ich war so in Gedanken, dass ich weder dich noch die Ameise gesehen habe«, sagte Fatima verdutzt. »Ich bin Fatima. Und, ähm, warum ist dir diese Ameise so wichtig?«

»Ameisen empfinden auch Schmerz. Das weiß ich von meinem Lehrer.«

»Und wer ist dein Lehrer? Ein christlicher Priester oder ein muslimischer *Ulama*? Und sag mal, wenn du dich so für den Schmerz einer kleinen Ameise interessierst, dann weißt du bestimmt auch, warum es so viel Leid auf der Welt gibt? Oder dein Lehrer kann es mir erklären?«

»Mein Lehrer ist ein berühmter Gelehrter aus Sri Lanka«, sagte Anand. »Er bringt den Menschen Buddhas Ideen näher. Wir sind wegen der Versammlung des Khans hier. Nicht dass mich der

Götterstreit im Khan-Palast besonders interessieren würde. Ich versuche nur zu verstehen, woher all das Leid in der Welt kommt. Aber sehr viel schlauer bin ich noch nicht. Es ist einfach zu kompliziert! Ich meine, natürlich verstehe ich ein bisschen was vom Leiden. Wir leiden zum Beispiel, wenn andere Menschen uns etwas antun.«

»Das ist ja einfach«, stimmte Fatima zu. »Wir leiden, wenn Feinde unser Land überfallen. Oder wenn uns jemand mobbt. Und wenn mein Vater mich anbrüllt, geht's mir auch mies!«

»Aber ist dir schon aufgefallen, dass wir manchmal auch unglücklich wegen etwas sind, das wir uns selbst antun? Mein Lehrer sagt immer, dass wir unter keinem Fremden, keiner Nachbarin und keinem Familienmitglied so leiden wie unter uns selbst.«

»Wirklich? Warum sollte ich mir denn selbst wehtun?«, fragte Fatima.

»Stell dir mal vor, du musst noch etwas erledigen, bevor du dich mit deinen Freunden treffen kannst. Am besten wäre es doch, wenn du es möglichst rasch hinter dich bringst, damit du schnell loskannst, richtig?«

»Richtig«, sagte Fatima. »Mein Vater gibt mir andauernd Rechenaufgaben und sagt, dass ich erst rausgehen darf, wenn ich sie gelöst habe. Er will unbedingt ein Mathegenie aus mir machen.«

»Und geht's dir dann auch so, dass du dich gar nicht aufs Rechnen konzentrieren kannst, weil du die ganze Zeit an deine Freunde denken musst, die draußen Spaß haben?

Du brauchst für die Aufgaben viel länger als sonst und kannst erst viel später raus. Und dann wirst du wütend auf deinen Vater, weil er dir das eingebrockt hat …?«

»Absolut, das kenne ich!«, rief Fatima. **»Und über mich selbst ärgere ich mich auch.** Ich kapiere einfach nicht, warum meine Gedanken ständig abschweifen und ich's nicht schaffe, mich zu konzentrieren. Denn dann könnte ich die Aufgaben ruckzuck lösen und hätte frei! Manchmal schreie ich die Gedanken in meinem Kopf an, sie sollen endlich Ruhe geben, aber sie nerven mich immer weiter.«

»Geht mir genauso«, gab Anand zu. »Und ich verstehe auch nicht, woher die blöden Gedanken kommen. Ich meine, wer setzt sie mir in den Kopf?«

»Gute Frage«, sagte Fatima. »Mein Vater verursacht diese blöden Gedanken jedenfalls nicht. Ob ich sie mir selbst ausdenke? Aber sie

$$\left\{\left[(6\cdot 4)+7^2\right]\cdot\sqrt{9}-\left(\tfrac{1}{3}\cdot 18\right)-60+40-(7\cdot\pi\cdot\sqrt{a}\cdot 0)+\sqrt{100}-\left(3\cdot 10\cdot\tfrac{2}{3}\right)-5+0-32\right\}\cdot b\cdot c=\,?$$

ärgern mich ja. Warum sollte ich Gedanken produzieren, die mir nicht guttun?«

»Das fragt mich mein Lehrer auch immer«, sagte Anand. »Aber ich finde darauf keine Antwort. Vor einem Jahr zum Beispiel hat mich mein bester Freund Tashi in einer großen Runde beleidigt. Wir haben gerade Kuchen gegessen und Tashi sagte, ich fresse wie ein Schwein, und alle anderen haben sich gar nicht mehr eingekriegt vor Lachen. **Es war nur diese eine kleine Bemerkung,** die Sache ist schon ein Jahr her und Tashi hat sie wahrscheinlich längst vergessen. Aber aus irgendeinem Grund muss ich immer wieder daran denken. Manchmal taucht die Erinnerung wie aus dem Nichts auf: ›Hey, er hat mich mit einem Schwein verglichen! Und alle haben gelacht!‹ Und dann fühle ich mich jedes Mal aufs Neue gedemütigt.«

»Und du kannst dir die Sache nicht aus dem Kopf schlagen?«, fragte Fatima.

»Nein! Es ist echt seltsam. Ich versteh ja, warum unsere Feinde uns schaden wollen – **aber warum sollten unsere eigenen Gedanken und Erinnerungen das tun?** Und warum können wir sie nicht einfach stoppen? Ich meine, ich hab meine Beine und Augen ja auch unter Kontrolle – warum klappt das mit den Gedanken und Erinnerungen nicht? Wenn ich ins Bett gehe, sage ich meinen Beinen, sie sollen sich ausruhen, und meinen Augen, sie sollen sich schließen. Warum kann ich meinen Gedanken nicht sagen, dass sie aufhören sollen zu kreisen? Mein Lehrer meint, dass mein Geist schwach ist und ich mehr Übungen machen soll.«

»Seilspringen und Kopfstand und so?«

»Nein, Übungen für den Geist«, erklärte Anand. »Ich soll zum Beispiel die Augen schließen und mich auf meine Atmung konzentrieren. Damit ich spüre, wie der Atem in meine Nase rein- und wieder rausströmt. Das soll ich jeden Tag eine Stunde lang tun. Und wenn irgendwelche fiesen Erinncrungen oder nervigen Gedanken auftauchen, soll ich sie einfach ignorieren und konzentriert weiteratmen.«

»Und das funktioniert?«, fragte Fatima.

»Hm, geht so«, sagte Anand. »Meist schleichen sich nach einer Minute, manchmal auch schon nach ein paar Sekunden die ersten Gedanken ein. Dann frage ich mich zum Beispiel, was es wohl zum Abendessen gibt. Oder ich höre wieder das Gelächter nach Tashis blödem Spruch. Und dann vergesse ich meinen Atem völlig. Aber mein Lehrer sagt, ich soll trotzdem weiterüben. Er meint, die Übung würde uns klarmachen, warum wir im Leben so viel leiden.«

»Und?«, drängte Fatima. »Warum?«

»Die Übung soll uns zeigen, dass wir nicht wirklich begreifen, was in uns vorgeht. Wir wissen nicht, woher Gedanken, Erinnerungen und Gefühle eigentlich kommen, und weil wir keine Macht über sie haben, stoßen wir Menschen vor den Kopf, die

wir eigentlich lieben. Oder wir schaden uns selbst. Tashi wollte mich mit seiner Bemerkung bestimmt gar nicht beleidigen. Er war wahrscheinlich nur scharf auf ein größeres Stück Kuchen und hat das Erstbeste gesagt, was ihm in den Sinn kam. Und obwohl ich mich absolut nicht an seinen Spruch erinnern will, kann ich meine Erinnerungen nicht beeinflussen – **und das macht mich wütend.** Und manchmal, wenn ich wütend bin, fühle ich mich wie ein Teekessel, der überkocht. Und dann schießt in alle Richtungen heißes Wasser. Meine Wut macht mich fies, sogar meinen Freunden gegenüber, und am Ende beleidige ich sie. Und solange immer wieder neue Gedanken und Erinnerungen in uns hochploppen und uns mit irgendeiner Begierde oder mit Wut füllen, ist für Glück kein Platz. Selbst die schlimmsten Kriege der Welt haben nicht wegen einem bösen Gott begonnen, sondern wegen allen möglichen Kränkungen und der Unersättlichkeit in den Köpfen der Menschen.«

Das war es, was Buddha vor Tausenden von Jahren herausgefunden hat. Es trifft auf alle Menschen zu, die jemals auf der Welt gelebt haben und jetzt leben, egal an welche Götter sie glauben und welche Sprache sie sprechen. Menschen, ob indisch oder chinesisch, römisch oder persisch, christlich oder muslimisch, spüren oft eine Begierde oder irgendwelche Aggressionen in sich – und das macht sie so unglücklich, dass sie lieber ihre Mitmenschen verletzen, anstatt zusammenzuarbeiten, um Naturkatastrophen wie Plagen, Seuchen oder Erdbeben zu bekämpfen. Ja, selbst bei Tieren, etwa bei Tigern oder Adlern, kommt das vor.

Ein Ausweg

Buddha wollte der Sache näher auf den Grund gehen. Er fragte sich, welche Gedanken ihm wann in den Sinn kamen, was bestimmte Erinnerungen in ihm hervorriefen und wer oder was ihm all das einflüsterte. Um zu verstehen, woher seine Begierden und seine Aggressionen kamen, horchte er genau in sich hinein. Und dabei erkannte er: **Die negativen Gefühle werden von keinem Gott erzeugt.** Wir Menschen und auch Tiere produzieren Aggressionen und Begierden ganz allein in uns selbst – und zwar ständig. Und diese negativen Gefühle machen uns unglücklich und bringen uns dazu, andere Menschen zu verletzen – was diese wiederum unglücklich macht. Und wenn die anderen unglücklich sind, verletzen sie wiederum uns und machen uns noch unglücklicher. So wächst das Leid und greift immer weiter um sich.

»*Das* ist also die Ursache für all das Leid auf der Welt?«, fragte Fatima. »Das ist der Grund, warum es so viele Kriege gibt und warum manche Menschen selbst in Friedenszeiten unglücklich sind?«

»Das behauptet jedenfalls mein Lehrer«, sagte Anand. »Es liegt nicht an irgendeinem bösen Gott. **Wir tun es uns selbst an.** Solange wir Wut und Begierden und alle möglichen anderen schlechten Gedanken produzieren, können wir nicht glücklich sein – selbst dann nicht, wenn wir Millionen von Goldmünzen und eine riesige Armee besäßen, wie Möngke Khan. Denn die Armee des Khans kann jeden seiner Feinde besiegen und töten bis auf einen: die lästigen Gedanken in seinem eigenen Kopf.«

»Und kann ich dieses Verlangen und die Wut in mir nicht irgendwie stoppen?«, fragte Fatima. »Kann ich stattdessen nicht vielleicht Freude und Liebe erzeugen? Wenn ich das lernen könnte, würde ich bestimmt auch ohne Goldmünzen und Armee glücklich sein.«

»Mein Lehrer sagt, dass Buddha genau das geschafft hat. Er hat jahrelang geübt **Freude und Liebe anstelle von Wut und Begierde zu empfinden.** Das ist genauso, wie wenn du deinen Armen und Beinen beibringst zu schwimmen oder deinen Fingern Flöte zu spielen und Musik zu machen. Auf die gleiche Weise kannst du auch deinen Geist trainieren Liebe statt Hass zu produzieren.«

Buddha brachte vielen Menschen bei Liebe statt Hass zu produzieren. Und danach brachen seine Anhänger auf und schulten Menschen in aller Welt. Sie zogen von Indien nach China, Japan, Thailand und Vietnam und sogar nach Europa und Amerika. Heutzutage gibt es in fast jedem Land Frauen und Männer, die praktizieren, was Buddha gelehrt hat. **Die meisten von ihnen nennen sich Buddhisten.**

Aber Buddhas Ideen in die Tat umzusetzen ist sehr schwierig. Um eine erfolgreiche Schwimmerin oder ein guter Flötenspieler zu werden, musst du täglich trainieren oder üben – viele Jahre lang. Und genauso ist es, wenn du in deinem Inneren Liebe anstelle von Hass erzeugen willst. Aber selbst mit viel Üben bleibt es schwierig. So schwierig, dass sogar Menschen, die Buddhas Lehre wirklich gut fanden, es nicht immer schafften, ihr zu folgen. Viele Buddhisten wurden ihre Begierden und ihre Aggressionen nicht los. Sie machten andere damit unglücklich, ja, sie zogen deswegen sogar in den Krieg und töteten. Es kam vor, dass Buddhisten so wütend wurden, wenn jemand an Buddhas Ausweg aus dem Wütendsein zweifelte, dass sie die Person zusammenschlugen – und schlimmstenfalls sogar umbrachten.

Freiheit

Als Buddha seine Erkenntnisse mit den Menschen teilte, verbot er ihnen nicht, an Götter zu glauben. Er sagte nur, dass es nichts bringen würde, über Götter zu streiten, und dass es wichtiger sei, einen Weg aus dem Leiden zu finden. Buddha war nicht der einzige Mensch in der Geschichte, der so dachte. In jüngster Zeit haben sich viele Leute ähnliche Gedanken gemacht. Sie glauben nicht mehr daran, dass sich die Bewohnerinnen und Bewohner dieses Planeten irgendwann auf einen gemeinsamen Gott und auf bestimmte Speise- und Kleidungsvorschriften einigen können. Anstatt also viel Zeit und Energie damit zu verschwenden, über diese Dinge zu streiten, sollten sich die Menschen auf eine einzige Grundregel verständigen. Und diese Regel lautet: **Tu alles, um anderen zu helfen, anstatt ihnen zu schaden.** Wenn du diese eine Regel befolgst, kannst du bei den restlichen Dingen tun, was du willst: Du kannst essen, was du magst, anziehen, was dir gefällt, und an so viele oder wenige Götter glauben, wie du willst.

Diese Regel lässt einem so viel Freiheit, dass man die Menschen, die nach ihr leben, auch »liberal« nennt. Das Wort »liberal« kommt vom Lateinischen »libertas« – das heißt »Freiheit«. Für liberal denkende Menschen ist es völlig in Ordnung, an einen Gott zu glauben. **Viele Liberale sind zugleich Christen oder Muslime.** Aber sie halten es nicht für nötig, einem oder mehreren Göttern zu gehorchen, um ein guter Mensch zu sein. Gut zu sein bedeutet niemandem zu schaden. Wenn es darum geht zu entscheiden, ob etwas richtig oder falsch ist, bringt es nichts, über Götter zu diskutieren. Stattdessen sollten wir uns fragen, ob das, was wir vorhaben, jemandem schaden könnte. Solange wir niemandem schaden, sollten wir die Freiheit haben zu tun, was wir wollen.

Liberal denkende Menschen sind sich zum Beispiel mit den Christen und Muslimen einig, dass man nicht töten soll. Aber nicht, weil irgendein Gott es verboten hätte, oder aus Angst vor der Hölle. Nein, liberal gesinnte Leute finden, dass man nicht töten soll, weil man anderen damit Leid zufügt: den Opfern, ihren Familien, ihren Freundinnen und Freunden. Und auch sich selbst fügt man Leid zu. **Deshalb sind sie gegen das Töten,** egal ob es nun Götter gibt oder nicht.

Und was ist mit der Kleidung? Es gibt Menschen, die behaupten man müsse einen bestimmten Hut tragen, weil irgendein Gott das angeblich wünscht. Und wenn du nun einen anderen oder gar keinen Hut tragen möchtest? Das tut doch niemandem weh, oder? Also sagen liberal denkende Menschen: »Es steht dir frei, den Hut zu tragen, den du magst.«

Wieder andere Menschen behaupten, man dürfe an einem bestimmten Tag im Jahr nichts essen, weil ihr Gott will, dass gefastet wird. Aber wenn dir nun der Magen knurrt und du unbedingt etwas essen möchtest? **Das würde ganz sicher niemandem schaden.** Also

sagen liberal denkende Menschen: »Wenn du fasten willst, kannst du das gerne tun, aber genauso gut kannst du auch etwas essen. Solange du niemandem schadest, kannst du tun, was du willst.«

Dieser Grundsatz klingt ziemlich vernünftig, oder? Nur leider haben sich liberale Menschen selbst nicht immer an ihn gehalten. Auch sie haben immer wieder Kriege angezettelt, weil sie andere Menschen dazu bringen wollten, ihre liberalen Regeln ebenfalls zu befolgen – obwohl sie doch eigentlich niemandem schaden wollten! Reden ist eben viel einfacher als Handeln. Es sagt sich leicht, dass man an bestimmte Regeln glaubt, egal ob an christliche, muslimische oder liberale. Aber sie auch zu befolgen, das ist viel schwieriger. Dabei sind es unsere Taten, die zählen – nicht unsere Worte.

Leichter gesagt als getan

Es gibt eine Geschichte über zwei Nachbarn, Baba und Gugu, die beide krank wurden und zu verschiedenen Ärzten gingen. Babas Arzt sagte: »Iss jeweils morgens, mittags und abends eine Orange, dann bist du in einem Monat wieder gesund.« Und damit Baba das nicht vergaß, schrieb der Arzt die Anweisung sicherheitshalber auf einen Zettel.

Gugus Arzt gab Gugu eine Dose mit Pillen und sagte: »Nimm morgens, mittags und abends eine Pille, dann bist du in einem Monat wieder gesund.« Und damit Gugu das nicht vergaß, schrieb der Arzt die Anweisung sicherheitshalber auf einen Zettel.

Als Baba und Gugu sich auf dem Heimweg trafen und über ihre Arztbesuche austauschten, **begannen sie sofort zu streiten.**

»Orangen!«, rief Gugu. »Blanker Unsinn! Diese Krankheit lässt sich doch nicht mit Orangen heilen. Schau, was auf dem Zettel meines Arztes steht – Pillen!«

»Mein Arzt hat mir aber eindeutig Orangen aufgeschrieben!«, beharrte Baba.

»Der hat eben keine Ahnung!«

»Du beleidigst meinen Arzt?!«, empörte sich Baba. »Er ist der beste der Welt! *Dein* Arzt hat keine Ahnung. Seine Pillen machen dich wahrscheinlich noch kränker, als du ohnehin schon bist!«

»Die Pillen wirken Wunder!«, schimpfte Gugu.

»Meine Orangen wirken tausendmal besser«, schrie Baba. »Dein Arzt ist eine Null – und du auch, weil du ihm glaubst!«

Da wurde Gugu so wütend, dass er Baba eine knallte. Baba schlug zurück und im nächsten Moment wälzten sie sich auf dem Boden, traten, schlugen und zogen sich an den Haaren. Eine lange Zeit prügelten sie sich – so lange, dass Gugu nicht eine einzige Pille schluckte und Baba keine Orange aß.

So ist es oft auch im richtigen Leben. Viele Leute haben sehr klare Vorstellungen davon, wie sich ihre Mitmenschen verhalten sollten. Und sie kämpfen erbittert dafür, dass sie es auch tun – aber selber halten sie sich nicht an diese Regeln. Manche Menschen reden ständig von Liebe, sind selbst aber voller Hass. Andere sagen, sie glauben an Frieden, und fangen einen Krieg an. Und für wieder andere ist die wichtigste Regel, anderen kein Leid zuzufügen, dabei machen sie ihre ganze Umgebung unglücklich. Kennst du auch jemanden, der anderen seine Regeln aufdrücken will, selbst aber dagegen verstößt?

Wie aus »denen« »wir« wurde

Im Lauf der Jahrtausende haben sich die Menschen viele verschiedene Regeln ausgedacht – und viele verschiedene Geschichten, um ihre Regeln zu begründen. Aber welche Regeln sind nun die besten? Und welche Geschichten sind die wahrsten? Schwer zu sagen. Noch heute gibt es Streit darüber – genau wie damals im Palast von Möngke Khan und in der Herberge von Karakorum. **Aber was viel schlimmer ist:** Noch immer werden Leute bedrängt und sogar getötet, weil sie sich weigern an eine bestimmte Geschichte zu glauben.

Dabei ist es weiterhin so, dass die Menschen zu all diesen Dingen ständig ihre Meinung ändern. Ihre Überzeugungen wandeln sich – genau wie ihre Sprache, ihr Kleidungsstil und ihre Vorlieben für bestimmtes Essen. Die Welt ist eben nicht in ordentliche, immer

gleiche Schubladen eingeteilt, wie die Schubladenfans behaupten. **Der Inhalt der Schubladen ändert und mischt sich laufend.** Manchmal ist das mit viel Gewalt verbunden. Zum Beispiel, wenn Soldaten in ein fremdes Land einmarschieren, Städte niederbrennen und Menschen versklaven. Aber es kann auch friedlich geschehen. Zum Beispiel auf Märkten, wo Fremde miteinander handeln oder sich ineinander verlieben. Aber wie auch immer es geschieht und egal wo du lebst, du verdankst vielen unterschiedlichen Menschen aus unterschiedlichen Gegenden der Welt sehr viel!

Falls ihr in deiner Familie an irgendeinen Gott glaubt, dann liegt das wahrscheinlich daran, dass deinen Vorfahren irgendwann mal von diesem Gott vorgeschwärmt wurde – von Menschen aus einer fernen Gegend. **Genauso ist es mit deiner Muttersprache.** Fast alle Sprachen, die heute gesprochen werden, kamen aus anderen Ländern zu unseren Vorfahren. Die meisten Wörter, die wir verwenden, verdanken wir irgendwelchen Fremden.

Ein Beispiel: Mehr als die Hälfte aller englischen Wörter ist aus anderen Sprachen übernommen, etwa aus dem Französischen, dem Lateinischen oder dem Griechischen. Das englische Wort »music« stammt vom französischen Wort »musique«, das sich vom lateinischen »musica« ableitet, das wiederum vom griechischen »mousike« kommt. Auch das englische Wort »language« stammt vom französischen »langage«, das sich aus dem lateinischen Wort »lingua« entwickelt hat. Du kannst dir das so vorstellen, als hätte eine lange Reihe von Menschen ein Wort weitergeflüstert. Von einem Mund zum nächsten Ohr und so fort – bis das Wort schließlich dein Ohr erreicht hat. **Und jetzt kannst du es benutzen.**

Genauso sieht es übrigens mit den Lebensmitteln aus, die du isst. Viele davon werden von Menschen am anderen Ende der Welt angebaut. Aber auch viele Produkte, die in deinem Land hergestellt werden, stammen ursprünglich aus weiter Ferne. Magst du zum Beispiel Schokolade? Die ersten Menschen, die herausfanden, wie man aus Kakaobohnen leckere Süßigkeiten macht, lebten vor mehr als 5.000 Jahren in den tropischen Wäldern Amazoniens.

Jedes Mal, wenn du ein Stück Schokolade in den Mund steckst, müsstest du dich eigentlich bei diesen frühen Amazonasbewohnern bedanken.

Und magst du Tee? Vor Jahrtausenden entdeckten Menschen in China, wie man Tee zubereitet: indem man heißes Wasser über die Blätter von Teepflanzen gießt. Sie nannten das Getränk »té« oder »chá«. **Von China aus verbreitete es sich rund um den Erdball.** Heute werden in verschiedensten Ländern – in Indien, Kenia oder Argentinien – Teepflanzen angebaut. Neben Wasser ist Tee heute das am häufigsten getrunkene Getränk der Welt! Eigentlich müssten alle beim Teetrinken den alten Chinesen danken.

Magst du deinen Kakao oder Tee gesüßt? Dann kannst du froh sein, dass Menschen in Neuguinea vor 8.000 Jahren herausfanden, wie man Zuckerrohr anbaut und daraus Zucker gewinnt.

Und jetzt denk mal an die Spiele, die du gerne spielst. Fußball wurde von den Briten erfunden, Taekwondo in Korea und Schach in Indien. Wenn du einen Ball ins Tor kickst, bist du also ein bisschen britisch. Wenn du Taekwondo trainierst, zeigst du deine koreanische Seite. Und wenn du Schachfiguren übers Brett schiebst, hast du eine kleine, unsichtbare Verbindung zu Indien.

Mit der Musik, die du hörst, den Serien, die du schaust, und den Büchern, die du liest, ist es nicht anders. Vieles davon kommt aus anderen Ländern. Dieses Buch zum Beispiel wurde von einem israelischen Autor geschrieben, von einem spanischen Zeichner illustriert und von einem deutschen Team bearbeitet.

Anders oder fremd sein kann also nicht so schlimm sein, oder? Was glaubst du, wie würde dein Leben aussehen, wenn die Menschen in deinem Land alle gleich wären und du nur Dinge konsumieren könntest, die von deinen Landsleuten hergestellt wurden? Du würdest mit deiner Familie am Tisch sitzen – und das Essen wäre extrem eintönig. Ihr hättet auch nicht wirklich viele Spiele, die ihr spielen könntet. Und euer Wortschatz wäre ziemlich eingeschränkt.

Dabei ist deine Familie selbst voller Menschen, die ihre Wurzeln in anderen Gegenden der Welt haben. Wenn du in der Zeit zurückreisen könntest, um deine Großmutter und ihre Großmutter und deren Großmutter zu treffen, würdest du früher oder später auf Vorfahrinnen und Vorfahren stoßen, die ganz woanders gelebt haben. Die an Götter glaubten, die du nicht kennst, und eine Sprache sprachen, die du nicht verstehst. Denn natürlich sind nicht bloß die Götter, das Essen, die Spiele und die Wörter von anderswo in dein Land gekommen: Die Menschen selbst haben lange Wege zurückgelegt. Manche kamen vor zehn Jahren, andere vor hundert und wieder andere vor Jahrtausenden. Irgendwann im Lauf der Geschichte sind Familienmitglieder eines jeden Menschen von anderswo gekommen. Jedenfalls ist niemand einfach so aus der Erde gewachsen – oder aus dem Zahn eines Drachen.

Unsere Vorfahren waren also ganz anders als wir. Mit der Zeit haben sie sich immer mehr verändert – und wurden zu dem, wie wir heute sind. Und auch wir verändern uns ständig, sodass unsere Nachkommen wiederum ganz anders sein werden als wir.

Die Schubladenfans haben Angst vor Veränderungen, weil sie fürchten, dass Menschen, die unterschiedlich sind, nicht miteinander auskommen und ständig streiten. Aber das stimmt gar nicht. Klar, wir Menschen streiten manchmal, aber nicht unbedingt, weil wir verschieden sind. Viel häufiger streiten wir mit Leuten, die uns besonders ähnlich sind – zum Beispiel mit der eigenen Familie. Fremde, die sehr unterschiedlich sind, kommen dagegen oft ziemlich gut miteinander klar. Manchmal verlieben sie sich sogar ineinander und gründen eine Familie. **Und selbst Feinde können zu Freunden werden.**

Die größte Entdeckung aller Zeiten

Du weißt jetzt also, dass Anderssein nicht schlimm ist: Menschen können sehr gut miteinander klarkommen, auch wenn sie ganz unterschiedlich sind. Außerdem wandelt sich ja sowieso alles mit der Zeit – und die Menschen wandeln sich mit. Du hast auch erfahren, dass Fremde, wenn sie sich begegnen, manchmal Handel treiben, manchmal streiten und manchmal reden – und egal was sie tun, **immer verändern sie sich.** Du weißt, dass auch unsere Vorfahren irgendwann einmal aus der Fremde kamen – und völlig anders waren als wir. Sie haben sich erst allmählich zu denen entwickelt, die wir heute sind. Nicht ausgeschlossen, dass sie sogar ein paar schlimme Dinge getan haben. Aber zum Glück können wir ja versuchen es besser zu machen.

Du hast erfahren, wie man vergorene Fischsoße herstellt, was ein Imperium ist, wie Geld funktioniert und warum es schrecklich wäre, wenn sich alles, was du anfasst, in Gold verwandeln würde. Du weißt, dass die Römer das griechische und das jüdische Reich eroberten und dass anschließend das griechische Theater und der jüdische Glaube an den himmlischen Vater das Römische Reich eroberten.

Du hast viele Geschichten gehört – über Götter, Drachen und Ameisen. Du weißt, dass die Geschichte vom himmlischen Vater keine Antwort darauf gibt, warum nette Menschen leiden müssen. Und dass die Geschichte vom Fürsten des Lichts und vom Teufel nicht erklärt, wie die beiden gegeneinander kämpfen können. Du weißt auch, dass die Welt für die Menschen ein Rätsel blieb – trotz der vielen Geschichten, die sie sich erzählten. Und was in ihren

Körpern und Köpfen vorging, das verstanden sie noch weniger. Wie entstehen Krankheiten? Wie kommen die Gedanken in die Köpfe? Woher kommen die Wut und die Begierden der Menschen?

Die Menschen waren sich auch uneinig, wie die Welt erschaffen wurde und woher sie selbst stammen. Und genauso gespalten waren sie bei der Frage, warum es so viel Leid gibt und was man dagegen tun kann. **Viele verschiedene Menschen erzählten viele verschiedene Geschichten** und alle waren überzeugt, dass sie recht hatten. Es gab eigentlich nur eines, was allen Menschen gemeinsam war, egal an welche Geschichte sie glaubten: Sie litten nach wie vor unter Hunger, Kriegen und Krankheiten. Es wurde zwar überall viel über diese Probleme geredet, aber gelöst wurden sie nicht.

Doch dann machten einige Menschen die größte Entdeckung aller Zeiten – und damit änderte sich so ziemlich alles. Denn plötzlich waren die Menschen in der Lage, die Welt zu erforschen, bis hinein ins Innerste ihrer Körper und Köpfe. Und mehr noch: Die Entdeckung half ihnen zu entscheiden, welche der vielen Geschichten sie glauben wollten.

Du fragst dich, welche sensationelle Entdeckung das war? **Es war die Wissenschaft.** Die Wissenschaft ist eine Methode, mit der wir herausfinden können, welche Geschichten stimmig sind. Mithilfe der Wissenschaft können wir die Ursachen von Kriegen erforschen und Hungersnöte und Krankheiten bekämpfen. Die Wissenschaft hilft uns zu verstehen, wie Gedanken und Gefühle entstehen und woher wir Menschen überhaupt kommen.

Ohne die Wissenschaft gäbe es dieses Buch nicht. Wir verdanken es der Wissenschaft, dass wir heute so gut über die Menschen im alten Karthago, im Römischen Reich und zur Zeit von Jesus, Buddha und Möngke Khan Bescheid wissen. Die Archäologen, die die untergegangenen Städte Uruk, Karthago, Ephesos und Karakorum entdeckt haben, waren Wissenschaftler. Ebenso die Taucher, die das antike Schiff ausgegraben und die Ladung untersucht haben. Andere Wissenschaftler haben alte Sprachen wie Latein gelernt und sich in Geschichten über die vergessenen Götter Inanna, Baal, Artemis und Zeus vertieft.

Aber die Wissenschaft beschäftigt sich nicht nur mit untergegangenen Städten und vergessenen Göttern. Die Wissenschaft hat uns Menschen exakt die Kräfte verliehen, die die antiken Götter der Legende nach besaßen. In den alten Geschichten konnten Götter wie Artemis und Zeus genau sehen und hören, was auf der anderen Seite der Welt passierte. Und durch die Luft fliegen konnten sie auch. Heute kann jedes Kind auf seinem Smartphone verfolgen, was rund um den Globus geschieht. Und in Hubschraubern, Flugzeugen und Raumschiffen können wir durch die Gegend jetten, als wären wir Artemis oder Zeus höchstpersönlich. Alles dank der Wissenschaft.

In den alten Geschichten konnte Zeus die Menschen aus der Ferne mit Blitzen töten. Und Artemis konnte sie gezielt mit magischen Pfeilen ausschalten. Unseren heutigen Staatsoberhäuptern und Militärs hat die Wissenschaft noch viel schlimmere Zerstörungskräfte verliehen. Sie können Millionen von Menschen per Knopfdruck umbringen – mit Raketen und Atombomben, die viel stärker sind als alle Blitze und Pfeile zusammen.

Aber zum Glück hat die Wissenschaft uns nicht nur Zerstörungskraft verliehen, **sondern auch Heilkraft.** In den alten Geschichten waren es die Götter, die die Menschen von Krankheiten heilten. Dank der Wissenschaft tun das heute Ärzte und Forscher. Wenn wir krank sind, pilgern wir nicht mehr zum Tempel von Zeus oder Artemis und bitten um Heilung. Wir fahren ins Krankenhaus. Dort geben uns Ärzte Medikamente, die von Wissenschaftlern entwickelt wurden.

In den alten Geschichten konnten Zeus und Artemis Menschen und Tiere erschaffen. Die moderne Wissenschaft ermöglicht es uns nicht nur, Menschen und Tiere künstlich zu erschaffen, sondern sogar völlig neue Kreaturen. Wesen, die man sich zu Zeiten der antiken Mythologie nicht einmal vorstellen konnte: Cyborgs zum Beispiel. Oder Gebilde wie künstliche Intelligenzen (KI).

Und als wäre das alles noch nicht genug, versuchen Wissenschaftler sogar den alten Traum von Uruks König Gilgamesch zu verwirklichen. Sie wollen uns Menschen geben, was keine Gottheit uns je gegeben hat: ewiges Leben. Die Chance, den Tod zu überwinden. Damit unsere Körper nicht mehr von Maden gefressen werden.

Aber was genau ist Wissenschaft und woher kommt sie? Wie unterscheidet sie sich von all den Geschichten, die wir Menschen uns über Götter und Drachen erzählt haben? Und wie kann die Wissenschaft uns helfen Probleme wie Hunger, Krankheit und Krieg in den Griff zu bekommen?

Nun, das ist die nächste erstaunliche Geschichte.

Dank

Wenn du eine Orange isst, müsstest du eigentlich dem ganzen Orangenbaum dafür danken. Die Blätter haben Sonnenlicht aufgenommen und die Wurzeln haben Wasser aufgesaugt – beides zusammen hat deine Orange wachsen lassen.

Und genauso ist es, wenn du ein Buch liest. Bücher entstehen durch die Zusammenarbeit vieler Menschen, ob es Faktenprüfer, Lektorinnen oder Übersetzer sind. Auch *Unstoppable Us – Wie aus Feinden Freunde werden* ist ein Gemeinschaftswerk – und allen, die etwas beigesteuert haben, gilt mein aufrichtiger Dank.

Besonders bedanken möchte ich mich bei Ricard Zaplana Ruiz für seine wunderbaren Illustrationen, bei Jonathan Beck, der sich so engagiert für das Projekt eingesetzt hat, und bei Susanne Stark und Sebastian Ullrich für den sehr inspirierenden Austausch und die vielen wertvollen Anregungen und Ratschläge. Das Sapienship-Team unter Leitung der wunderbaren Naama Avital hat das Projekt nicht nur initiiert, sondern auch eine zentrale Rolle bei der Recherche, Redaktion, Gestaltung und weltweiten Vermarktung dieser illustrierten Buchreihe für junge Leser (jeden Alters!) gespielt. Zum kompetenten und kreativen Sapienship-Team gehören: Naama Wartenburg, Ariel Retik, Hanna Shapiro, Jason Parry, Shay Abel, Daniel Taylor, Michael Zur, Jim Clarke, Dor Shilton, Ray Brandon, Guangyu Chen, Nadav Neuman, Galiete Katzir, Dima Basov, Gilad Atlacevitz, Ayala Sorotsky, Anna Gontar und Chen Avraham. Weiterer Dank geht an Friederike Fleschenberg, Adriana Hunter und Adi Moreno, die ebenfalls unschätzbar wichtige Beiträge geleistet haben, sowie an Carolina Lopez-Ruiz und Anthony Kaldellis für ihre hilfreiche Unterstützung.

Auch allen Übersetzerinnen und Übersetzern möchte ich danken – dafür, dass sie dieses Buch so vielen Menschen unterschiedlicher Sprachen zugänglich machen.

Und zu guter Letzt danke ich meiner Mutter Pnina, meinen Schwestern Einat und Liat, meinen Nichten und Neffen Tomer, Noga, Matan, Romi und Uri und meinem Mann Itzik für ihre Liebe und ihre Ermutigungen. Ohne ihre unermüdliche Unterstützung wäre dieses Buch nicht entstanden.

Yuval Noah Harari

Ich widme dieses Buch Dominique Campete, Irene Cordón, Mireia Serra und der »Nata Gratis«-Gang und danke Iván Vázquez und Nigio für die Farbberatung.

Ein großes Dankeschön geht außerdem an alle Homo Sapiens meines Berufsstandes – dafür, dass sie ihr Wissen und ihre Freundschaft mit mir geteilt haben.

Dem Experten-Team von Sapienship danke ich für die Hilfe und Anleitung bei allen Arbeitsschritten, während des gesamten kreativen Prozesses.

Und natürlich danke ich Yuval Noah Harari, der meinen Illustrationen so sehr vertraut, dass sie mit seinen Texten um die halbe Welt reisen dürfen.

Ricard Zaplana Ruiz

Über dieses Buch

Die in diesem Buch geschilderten Ereignisse haben tatsächlich stattgefunden, die erwähnten Orte existieren und historische Gestalten wie der karthagische General Hannibal und der römische Kaiser Varius haben wirklich gelebt. Um die Geschichte lebendiger zu machen, habe ich mir jedoch die Freiheit genommen, einige Figuren zu erfinden: zum Beispiel das karthagische Mädchen Saponibal oder den römischen Matrosen Gaius. Dabei habe ich sorgfältig darauf geachtet, die Ereignisse so darzustellen, wie sie sich zugetragen haben *könnten*. Und der Illustrator hat sie so realistisch wie möglich ins Bild gesetzt. Wer wissen will, was vor Tausenden von Jahren geschah, ist auf die Geschichten und Gegenstände angewiesen, die uns aus dieser Zeit hinterlassen wurden. Allerdings gehen Gegenstände über die Jahrtausende hinweg manchmal verloren und Geschichten werden verkürzt oder verzerrt. Es gibt also einiges, was wir über die alten Zeiten nicht wissen. Um diese Lücken zu füllen, habe ich gelegentlich Vermutungen angestellt – ausgehend von dem, was bekannt ist.

Wie nennst du Gott?

In diesem Buch nenne ich den jüdischen, christlichen und muslimischen Gott nicht einfach »Gott«, sondern »Himmlischer Vater«. Warum ich mich für diesen Begriff entschieden habe? Weil wir Menschen schon immer an viele verschiedene Götter geglaubt haben – und auch heute noch glauben (Zeus und Baal zum Beispiel, oder Shiva). Und all diese vielen Götter werden von ihren Anhängern

»Gott« genannt. Deshalb habe ich nach einem Wort gesucht, das den jüdischen, christlichen und muslimischen Gott von den anderen Göttern unterscheidet, auch wenn es viele Gemeinsamkeiten zwischen ihnen gibt. Den Begriff »Himmlischer Vater« habe ich deshalb gewählt, weil sich die Juden, Christen und Muslime ihren Gott als einen großen, allmächtigen Vater vorstellen, der hoch oben im Himmel lebt.

Spannende Antworten auf große Fragen

Jetzt zum Newsletter anmelden und keine neuen Infos zu unserer Unstoppable-Us-Reihe verpassen

www.dtv.de/newsletter-harari

dtv C.H.BECK

Von Yuval Noah Harari ist bei dtv außerdem lieferbar:
Wie wir Menschen die Welt eroberten (Band 1)
Warum die Welt nicht fair ist (Band 2)

Cahokia
Tenochtitlan
Tikal
Timbukt
Cusco
Rapa Nui
Weltkarte der Geschichte
Alte Handelswege